Edtinger · Mayr · Wagner
Veränderungen erfolgreich umsetzen

Über die Reihe »Management und Karriere«

In der Reihe »Management und Karriere« werden relevante Fragestellungen der Führung, der Zusammenarbeit und des Personalmanagements von renommierten Hochschulprofessoren und -professorinnen sowie von erfahrenen Praktikern anwendungsorientiert dargestellt.
Diese Reihe will einen Beitrag zur Verbesserung der Führung und Zusammenarbeit in Unternehmen leisten. Ihr Kennzeichen ist die Verbindung von Praxis und Wissenschaft: Wissenschaftlich fundierte Ergebnisse werden anwendungsorientiert dargestellt und mit Hinweisen für die Umsetzung in der Unternehmenspraxis verbunden. Die komprimierte und anschauliche Darstellung erlaubt es, einen schnellen Überblick über das Thema und die damit verbundenen Fragestellungen zu gewinnen.
Die einzelnen Beiträge richten sich an Praktiker ebenso wie an Wissenschaftler, die sich mit Fragen der Veränderung und Umsetzung in Organisationen beschäftigen, und an Studenten der entsprechenden Fachrichtungen.

Die Herausgeber

Prof. Dr. *Friedemann W. Nerdinger*, Jg. 1950. Seit 1993 Professor für Wirtschafts- und Organisationspsychologie an der Universität Rostock.
Prof. Dr. *Erika Regnet*, Jg. 1962. Seit 1997 Professorin für Personalwirtschaft und Allgemeine BWL an der FH Würzburg-Schweinfurt.
Prof. Dr. *Lutz von Rosenstiel*, Jg. 1938. Seit 1977 Professor für Wirtschafts- und Organisationspsychologie an der Universität München und Leiter des Institutsbereiches für Organisations- und Wirtschaftspsychologie. Seit 1992 Prorektor der Universität München.

Birgit Edtinger · Fabian Mayr · Karl Wagner

Veränderungen erfolgreich umsetzen

Change Management in der Praxis

Beltz Verlag · Weinheim und Basel

Birgit Edtinger, Dipl. Betriebswirt FH, Jg. 1979, ist in einem international tätigen Fuhrparkmanagmentunternehmen in München im Bereich Marketing und Sales beschäftigt.

Fabian Patrick Mayr, Dipl. Betriebswirt FH, Jg. 1977, ist in der Marketingvorentwicklung und bei Innovationsprojekten der BMW Group tätig.

Prof. Dr. *Karl Wagner,* Jg. 1959, ist neben seiner Forschungs- und Lehrtätigkeit als Trainer und Berater tätig in Deutschland und Südostasien.

Lektorat: Ingeborg Sachsenmeier

www.beltz.de
Herstellung: Klaus Kaltenberg
Satz: Druckhaus »Thomas Müntzer«, Bad Langensalza
Druck: Druckhaus Beltz, Hemsbach
Umschlaggestaltung: Klaus Kaltenberg
Umschlagabbildung: Corbis GmbH, Düsseldorf
Zeichnungen: Ulrike Rath, Aachen
Printed in Germany

ISBN 3-407-36033-9

Inhaltsverzeichnis

Anstelle eines Vorworts

Alle Welt in der Wirtschaft redet vom Change Management, doch nur einige wenige beherrschen dieses Metier wirklich! Sind Sie auch ein »Change Agent«, der die Kunst der Veränderung lernen und praktisch anwenden möchte, aber bisher noch keine gute Anleitung gefunden hat? Diese Tatsache motivierte uns, dieses Buch zu schreiben.

Wir verstehen unter einem »Change Agent« den Promotor des Wandels, der (wie jeweils sein weiblicher Counterpart) an Veränderungen in seiner Organisation interessiert ist. Zudem ist er bereit, sich für sein eigenes Leben bewusst auf gedankliche, aber vielleicht auch auf »echte« Veränderungsexperimente einzulassen.

»Agent« – nun, wir verpflichten uns für keinen Geheimdienst, und was hier zu lesen ist, versteht sich als alles andere als geheime Kommandosache. Im Gegenteil, es geht zumeist um hochgradige Transparenz als wichtige Voraussetzung für Wandlungsprozesse. Hierbei kommt einer speziellen Anwendung moderner Teamarbeit eine spezifische Bedeutung zu.

Zudem zeichnet – wie den Agenten – das »Commitment«, das psychologische Band ebenso den »Change Agent« aus. Dies ist eine Art Vertrag, den »er« mit sich selbst schließt und der mehr ist als die Erfüllung arbeitsvertraglicher Pflichten. Dazu gehört Begeisterung und Motivation »von innen«, die ihn selbst in schier ausweglosen Situationen nicht aufgeben lässt. Selbstverständlich sind seine weiblichen Kolleginnen immer implizit mit angesprochen, wenn wir in der maskulinen deutschen Form schreiben (vgl. Edding 2000).

Unser Freund Changix, ein Pilot, wird uns durch die praktischen Kapitel dieses Buches begleiten und über seine Erfahrungen berichten. Für ihn, der auf dem Flug in die Zukunft des Wandels unerwartete Probleme und Bruchlandungen vermeiden will, ergeben sich unsere vier erklärten Lernziele – jenseits aller Prüfungen, die einige von Ihnen vielleicht noch absolvieren müssen. Sie werden, falls Sie dieses Buch gründlich lesen, Schritt für Schritt

- eine wissenschaftlich fundierte Methode kennen lernen, um Change Management zu initialisieren;
- »learning by doing« ausprobieren, indem Sie sich stellvertretend in die Denkwelt der am Change Management beteiligten Akteure versetzen können;
- einen praktischen Ansatz auf die eigenen Arbeits- und Lernbedingungen anwenden (Trockenübung) und
- produktiven Wandel auslösen, zumindest den Ton für Wandel setzen, indem Sie nach der Lektüre des Buches bei den Verantwortlichen in Ihrer Organisation mit einem konkreten Konzept vorstellig werden können.

Einführung

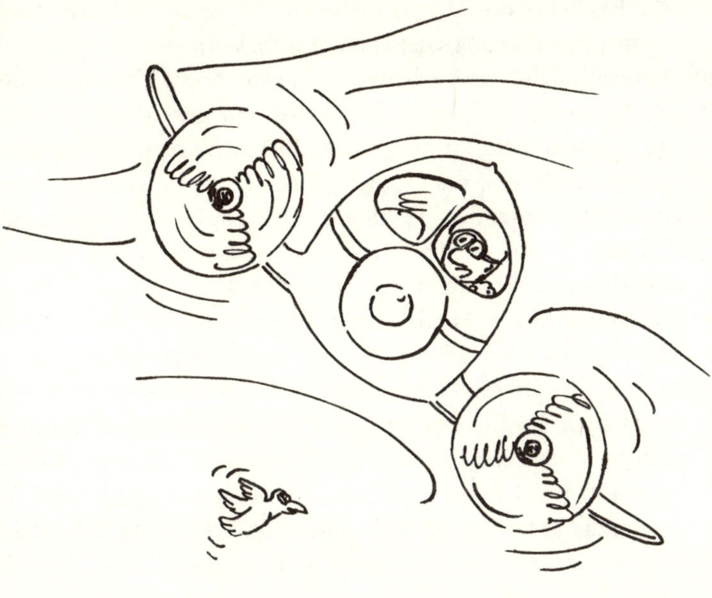

Der Wind des Wandels bläst unaufhörlich, überall auf der Erde des 21. Jahrhunderts. Mal eine kleine Brise, mal ein heftiger Sturm, der von vier verschiedenen Richtungen unsere herkömmlichen Denkgehäuse immer wieder vor große Herausforderungen stellt:

- **Neue Marktstrategien,** die zur Befriedigung immer komplexer werdender Kundenbedürfnisse dienen, sind gefragter denn je. War es vor 20 Jahren beispielsweise noch ausreichend, von einem Urlaubsreiseunternehmen von A nach B »kutschiert« zu werden, so spielen heute wesentlich differenziertere Kundenbedürfnisse eine Rolle, um sich erfolgreich auf dem Markt zu positionieren (die Art des Verkehrsmittels, das Ambiente, die Kundennähe des Fahrers ...). Diese Differenzierung lässt sich in vielen Bereichen unserer Wirtschaft vorfinden.
- Ein **zunehmender Wettbewerb durch Internationalisierung** muss dabei genauso bewältigt werden, wie die weltweite Verknappung von Ressourcen. Durch die Wirtschafts- und Währungsunion in der EU drängen in vielen Bereichen Wettbewerber auf den Markt, die Strategien fahren, welche für einheimische Hersteller oder Dienstleister ruinös werden können (zum Beispiel Versicherungswirtschaft, Apotheken).
- Darüber hinaus verursachen **neue Informationstechnologien** oft ungeheure Schwierigkeiten, wenn es darum geht, diese ins tägliche Arbeitsumfeld zu integrieren. Einerseits ernten Unternehmen beispielsweise die Segnungen des Internet, wenn sie diese konsequent anwenden (Homepages, Online-Bewerbungen). Andererseits ist das »www« ein verführerisches Spielzeug, das Arbeitszeit auch unproduktiv zu binden versteht.
- Die zunehmende **Veränderung der gesellschaftlichen Werte** macht zusätzlich deutlich, dass sich traditionelle Führung überlebt hat. Sowohl externe als auch interne Einflussfaktoren in der Psychologie hochkomplexer moderner Gesellschaften zwingen Unternehmen, ihre Prozesse und Strukturen fortlaufend anzupassen. Beispielsweise erwarten nachrückende Generationen in verstärktem Maße eine Kombination von Beteiligung an betrieblichen Entscheidungen und Spaß an der Arbeit.

Übung

Inwiefern diese vier Zusammenhänge auf Ihr Unternehmen zutreffen, und wie Sie diesen Herausforderungen derzeit begegnen, können Sie sich nun durch Markierung und individueller Beschriftung der für Sie relevanten Positionen zur Einstimmung kurz anhand eines eigenen Beispiels überlegen. Markieren Sie Ihre Positionen.

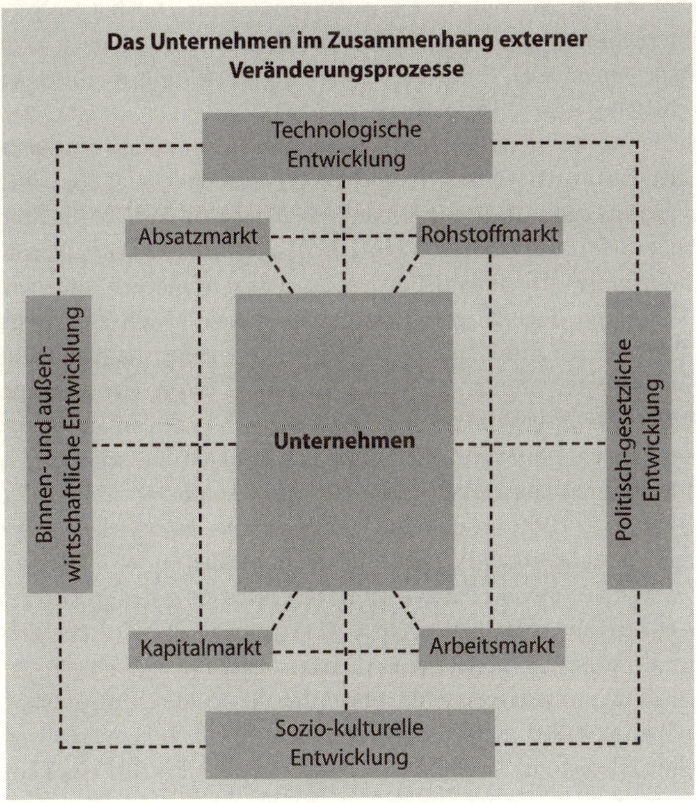

Beispiel: Sollten Sie sich in Ihrem Unternehmen vorrangig dem Punkt der Veränderung der gesellschaftlichen Werte widmen, so markieren Sie diese Stelle in der Grafik und bezeichnen Sie sie mit einem Schlagwort: Unter anderem kann eine monatliche Versammlung der kompletten Belegschaft das Arbeitsklima und die Zusammenarbeit zwischen den einzelnen Abteilungen deutlich verbessern.

Was immer Sie in die Abbildung geschrieben oder hinein interpretiert haben: Die Kernfrage dieses Buches ist, wie angesichts der vier grundsätzlichen Tendenzen durch Change Management notwendige, teilweise sogar übernotwendige Veränderungen eingeführt werden können. Doch wenn das Unternehmen Ihrer Wahl im Tagesgeschäft um mehr Profit, Erhaltung eines Marktes oder auch nur ums blanke Überleben kämpft, wo bleibt die Zeit für Veränderung? Wie kommen die Mitarbeiter damit zurecht, wenn Top-Manager das Unternehmen tatsächlich verändern? Welche Rolle spielen in der Praxis eingespielte Verhaltensweisen und Einstellungen (Unternehmenskultur) sowie Teamarbeit?

Da wir prinzipiell von der Anwendbarkeit zumindest einiger genialer Partituren wissenschaftlichen Wissens überzeugt sind, stellt das vorliegende Buch das »Change Management« Stück für Stück anhand eines keineswegs »theoretisch« abgeleiteten Leitfadens aus einem nachvollziehbaren Praxisbeispiel vor. Managern von heute und morgen, die mit Veränderungsmanagement beauftragt werden, soll jeweils im Anschluss an die Theorie ein sofort handhabbares, wissenschaftlich fundiertes Praxisinstrument an die Hand gegeben werden, das insbesondere den Faktor Mensch in die Veränderungsprozesse mit einbezieht. Methoden der Veränderung mit dem Ziel einer konstruktiven und vertrauensvollen Kombination der »top-down«- und »bottom-up«-Ansätze auszutesten und vielleicht dem Leser schmackhaft zu machen – das ist unser Ziel.

Da professionelle Teamarbeit immer noch eines der großen Fragezeichen im modernen Change Management ist, wird der Leser kennen lernen, wie effektiv in Subteams zusammengearbeitet werden kann, um konkrete Anleitungen für die praktischen Arbeitsabläufe zu erstellen. Dieses Buch versteht schließlich gemeinsam geteilte Zielvereinbarungen als ein »Muss«, um die Früchte eines konsequenten, modernen Change Management ernten zu können.

Die Ausgangslage – Wandel ohne Wandel

Sind Sie Geschäftsführer, Manager oder Mitarbeiter? Wir wissen nicht, wer Sie sind, wo Sie gerade sitzen und was Sie in diesem Moment tun. Vielleicht fragen Sie sich gerade mal wieder nach dem Sinn des Lebens oder wälzen Probleme, die Sie schon lange »hätten lösen sollen« oder dies »demnächst tun müssten«. Und jetzt kommt auch noch die Lektüre dieses Buches auf Sie zu. Vielleicht bereiten Sie sich aber auf eine Prüfung im Fach Change Management vor oder andere erwarten von Ihnen, dass Sie ein griffiges Konzept zur Unternehmensentwicklung vorlegen.

Egal, woher Sie kommen, und was Sie gerade tun, entscheidend für die Frage, ob Sie dieses Buch weiterlesen sollen und motiviert werden können, sind nur zwei Dinge:

- **Nur wer sich krank fühlt, will gesund werden.** Wenn Sie den positiven (!) Leidensdruck in sich spüren, in Ihrem Unternehmen grundlegende Veränderungen einführen zu wollen, und Ihnen auch die Entscheidungskompetenz zusteht, ein solches Projekt zu initialisieren, dann dürfen wir begründet hoffen, Ihnen Impulse oder Anstöße geben zu können. Doch auch wenn Sie als Entscheidungsträger der Ansicht sind, alles ist »o.k.«, haben Sie vielleicht eine Antenne für Change Management. Doch nur wenige von uns betreiben Prophylaxe, und »drücken« sich so lange (im übertragenen Sinne) vor dem Besuch zur Grippeschutzimpfung beim Arzt oder zur Entgiftung beim Heilpraktiker, bevor sich ein echter Leidensdruck einstellt. Falls Sie jedoch sagen »alles im grünen Bereich, das brauchen wir nicht« – Gratulation!

Sie könnten durch die Lektüre des Buches nicht glücklicher werden als Sie es heute sind. Vielleicht lesen Sie in diesem Falle zuerst gemütlich an einem der Schlechtwetterabende das süffisantsinnige Werk zum Problem des persönlichen Wandels von Spencer Johnson »Die Mäusestrategie für Manager« 2000 und überlegen dann, ob der Leidensdruck nach Change Management in Ihnen wachgekitzelt wurde.

- **Es genügt nicht, gewollt zu haben.** Gehen wir davon aus, Sie gehören zu den »unglücklichen« Lesern, welche die Wanderschaft in die Gefilde des Change Managements antreten wollen, weil der positive Leidensdruck groß genug ist. Wir freuen uns auf Sie, doch folgende Warnung sei ausgesprochen, welche die Crux alles Buchwissens ist: Bücher sind geschrieben, wurden (sofern sie interessant genug sind) gelesen, vielleicht verstanden und möglicherweise ist der Leser sogar im Grundsatz einverstanden. Aber wenn Sie nicht konkret und konsequent an die Umsetzung gehen, wird alles vergebliche Liebesmüh sein. Sie müssen, um etwas für sich und/oder Ihr Unternehmen zu ändern, sowohl im privaten als auch im Businessbereich Ihren »persönlichen Schweinehund« kennen und als aktiv Handelnder eine Partnerschaft mit ihm eingehen (vgl. Münchhausen 2002). Ansonsten bleibt alles Theorie.

Mit diesen beiden Vorbedingungen im Kopf, ist dieses Buch für all Ihre persönlichen Veränderungsvorhaben und denjenigen in Ihrem Team geschrieben, die doch Rückwirkungen auf Ihr Unternehmen haben könnten. Denn auf diesen eher privaten »intrinsischen« Motivationslagen fußen letztlich auch erfolgreiche Veränderungen im Unternehmen!

So versteht sich das vorliegende Werk als ein praktisches Motivationsbuch. Es soll Ihnen und Ihrem Arbeitsumfeld – wie bei der Dominotheorie – bei den entscheidenden ersten Schritten helfen, um bei all dem voranzukommen, was verändert werden soll. Unser Maßstab ist dabei nicht brillante theoretische Überzeugungskraft nach Domino, sondern praktische Imagination oder Vorstellungskraft.

Wenn Sie sich also entschieden haben, jetzt etwas über das interessante Programm des Change Managements zu erfahren, lesen Sie bitte weiter. Falls Sie jedoch gerade etwas anderes zu tun haben, und sich nur beiläufig oder halbherzig für die Inhalte dieses Buches interessieren, dann kommen Sie eben später wieder, wenn Ihre Neugierde einen positiven Leidensdruck auslöst. Denn es genügt nicht, gewollt zu haben, oder sich zu sagen, wo der Weg lang gehen soll ...

Drei verschiedene Modelle von Change Management

Nehmen wir an, unser Freizeitpilot Changix arbeitet wie 150 andere Mitarbeiter bei einem florierenden, frisch fusionierten Badewannenhersteller, der Bad GmbH.

Plötzlich gibt es nach der Übernahme der deutschen GmbH durch einen amerikanischen Konzern, der Spa Ltd., wegen des Auftragsrückgangs in der europäischen Niederlassung das Gerücht, das Unternehmen steuere in eine wirtschaftliche Krise. Wie wird das Management reagieren?

Übung

Überlegen Sie sich anhand dieses oder eines selbst überlegten Beispiels bitte unterschiedliche Veränderungsstrategien, auf welche Art für gewöhnlich im Unternehmen Ihrer Wahl mit dem Wandel umgegangen wird.

Im Folgenden werden insgesamt drei typische Veränderungsstrategien, wie Unternehmen mit Wandel umgehen, vorgestellt, verglichen und evaluiert. Diese passen auf verschiedene Organisationstypen, ganz gleich ob im privaten oder im öffentlichen Bereich.

Laisser-faire-Strategie

Diese Strategie ist die in der Praxis am meisten anzutreffende:

- Business as usual,
- schleichende Probleme,
- nothing never happens!

Übertragen auf das oben skizzierte Fallbeispiel bedeutet dies, dass die Probleme oft nicht von heute auf morgen entstehen, sondern Ergebnis eines längerfristigen Entwicklungsprozesses sind, die irgendwann durch den gefühlten Leidensdruck die Bewusstseinsschwelle überschritten haben.

Typisch sind ein Ansteigen der Beschwerden von Kunden, Lieferanten und/oder Mitarbeitern, die mit Verzögerungen und Vertröstungen beschieden werden. Manchmal fallen diese gar nicht auf, werden unter den Teppich gekehrt oder des lieben Friedens willen gar nicht geäußert. Falls doch, folgen einzelne Angriffe auf scheinbar Verantwortliche und deren Gegenangriffe. Der Status quo muss geschützt werden. Folgende Grundformel scheint zuzutreffen: »Wir arbeiten hier zusammen, um Veränderungen zu vermeiden.« Jedoch: Die Situation verschlimmert sich durch die Frustration der Beteiligten. Nichtsdestotrotz laufen ungefähr 95 Prozent unserer Arbeits- und Alltagserfahrung durch das ab, was der bedeutende Sozialwissenschaftler Kurt Lewin in Bezug auf die Personalführung als Lais-

ser-faire-Strategie bezeichnet hat. Das traditionelle, oft nicht einmal explizit gemachte Argument lautet: »Wir haben keine Zeit uns zu ändern, wir werden schließlich für unsere Arbeiten bezahlt.« Oder, noch schlimmer: »Wir haben uns ja schon geändert, wir praktizieren diese Veränderung die ganze Zeit und zum Teil mit gutem Erfolg.«

Übung

Dies führt uns zu der von diesem Typ fortführenden Frage, zu welchem Zeitpunkt Veränderungen normalerweise vorgenommen werden beziehungsweise werden sollten. Bitte erinnern Sie sich an die Übung auf Seite 17, lesen Sie dann die folgende Abbildung, in der es um eher unsichtbare Kulturkrisen geht.

- Markieren Sie einen Punkt in der Kurve, von dem Sie glauben, dass Wandlungen normalerweise geplant werden.
- Geben Sie dann der Geschäftsleitung eine Empfehlung, zu welchem Zeitpunkt Wandlungen eingeführt werden sollten!

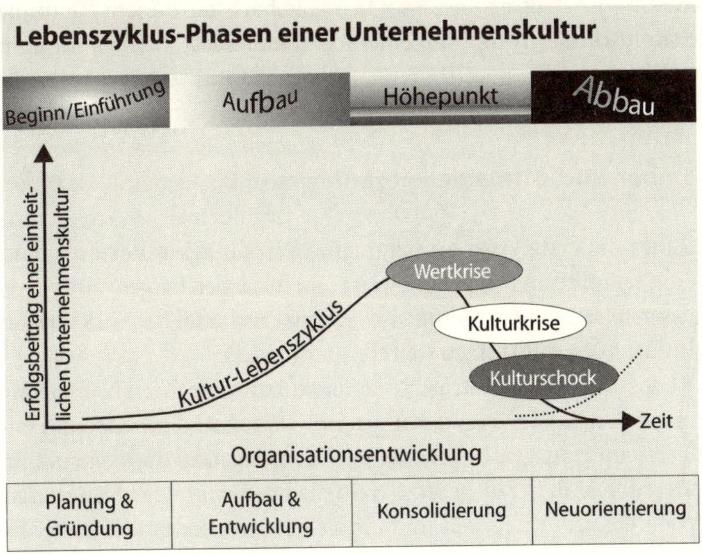

Die Laisser-faire-Strategie mündet nach dieser Darstellung unweigerlich in eine einschneidende Krise oder gar in einen kollektiven Schockzustand und scheidet somit als Modell des modernen Change Management aus, obwohl das in der Praxis das vorherrschende Paradigma ist!

Sie haben möglicherweise einen »optimalen« Zeitpunkt in der Abbildung markiert (vor der Wertkrise), der weit vor der eigentlichen, in der Praxis üblichen und zu späten Intervention angesiedelt ist (Kulturkrise oder Kulturschock).

Gehen wir, bevor wir den Kulturschock diskutieren, zu der Alternative beziehungsweise Ergänzung zum Laisser-faire: der **Kulturkrise**. Dies ist der Zeitpunkt, bei dem das Veränderungsproblem nicht nur ins Bewusstsein des Managements gerückt ist, sondern wie bei einer Krankheit der Leidensdruck so stark angestiegen ist, dass die so genannte »Interventionsschwelle« überschritten wird. Wie oben beschrieben, wird kaum jemand zum Arzt gehen, wenn er sich noch nicht krank fühlt.

Etliche Unternehmen reagieren in einer geradezu typischen Verzettelung im Laisser-faire des Tagesgeschäfts zu diesem Zeitpunkt der Kulturkrise prompt mit einem zweiten Ansatz, den wir als Bombenwurf-Strategie bezeichnen.

Bombenwurf-Strategie – »top-down«

Da dies die erste ernst zu nehmende Wandlungsstrategie ist, auch wenn sie mitunter typischerweise auf variabel langen Zeiten des Laisser-faire aufsetzt (Sinnkrise, Kulturkrise oder -schock), haben wir unsere Ausführungen weiter untergliedert.

Die Bombenwurf-Strategie verdankt zunächst ihren Namen dem Umstand, dass die Veränderungen im Geheimen (»top-down«) entwickelt und ausgearbeitet, dann schlagartig und weitgehend unwiderruflich in Kraft gesetzt werden. Das heißt, die Neuerungen treffen das Unternehmen und die Belegschaft wie eine Bombe. Die Mitarbeiter müssen sich mit den angestrebten Änderungen abfinden wie mit dem Wetter. Macht und Druck ersetzen eine Konsensbildung zwischen Betroffenen und Unternehmensleitung. Die neue

Struktur wird durch genaues Vorgehen nach Plan umgesetzt (»einheitliche Fremdregelung«).

Um auf unser Eingangsbeispiel der fusionierten Bad GmbH zurückzukommen: Neben der Frage, wie Marktpotenziale der Zukunft erfolgreich erschlossen werden können, werden vom Top-Management Rationalisierungsmaßnahmen beschlossen. Einer Verlagerung der Produktion ins Ausland mit erforderlicher Mobilität der Mitarbeiter oder deren Freistellung als drohende Alternative scheint nichts mehr im Wege zu stehen.

Rolle der Unternehmensleitung

Der »Bombenwurf von oben« ist das kennzeichnende Merkmal eines reinrassigen »top-down«-Ansatzes: Allein die Unternehmensleitung entscheidet, und zwar zu einem von ihr notwendig befundenen Zeitpunkt, über die Notwendigkeit einer Veränderung. Besteht Handlungsbedarf per Leidensdruck, so wird der Veränderungsprozess angestoßen. Grundsätzlich durchläuft dieser Prozess mehrere Phasen, die in Analysephase, Konzeptionsphase und Umsetzungsphase (Implementierung) aufgegliedert werden können. Die Strategie wird bis zum Bombenwurf am Tag X geheim gehalten.

Wir skizzieren nun einige mögliche Beispiele, damit Sie sehen, um welche Art von Veränderungsstrategie es sich handelt:

- Sie kommen vom Urlaub zurück, und Ihr PC läuft unter einem neuen Betriebssystem.
- Eine organisatorische Maßnahme, die nicht nur Ihr Unverständnis, sondern auch das Ihrer Kollegen trifft, wurde plötzlich umgesetzt (zum Beispiel ein neuer Chef stellt sich vor, ohne dass Sie vorher eingehend informiert wurden).
- Fassungslos finden Sie ein neues Firmenschild vor, wenn Sie am Montag zur Arbeit kommen, aus dem ersichtlich wird, dass Sie nun offensichtlich für eine andere Firma arbeiten.

Umfang der Veränderung

Eine derartige Radikalität in der Vorgehensweise bietet unbestritten Vorteile: ein tief greifender Wandel, eine krasse Abkehr vom Ist-Zustand mit einer Wendung hin zu einem völlig anderen, neuen Soll-Zustand wird möglich (»Quantensprung«), weil eine zeit- und kostenaufwändig erscheinende Konsensfindung mit dem mittleren und unteren Management sowie den Mitarbeitern entfällt (Osterloh 1996, S. 206). Die Unternehmensleitung als rationaler Planer und Architekt des Wandels konzipiert allein die Lösung am Reißbrett – gegebenenfalls unter Hinzuziehung eines »Arztes«, in der Gestalt eines professionellen Unternehmensberaters, der mitunter harte Drogen verschreibt, die sofortige Wirkung versprechen (zum Beispiel an erster Stelle: Rationalisierungsmaßnahmen inklusive Personalabbau). Revolutionäre Lösungen sind also möglich und damit eine schnelle Abkehr von als »krank« oder »nicht mehr zeitgemäß« definierten Strategien, Strukturen oder Prozessen.

Faktor Zeit

Die Bombenwurf-Strategie zeichnet sich durch eine kurze Analyse- und Konzeptionsphase aus. Die Umsetzungsphase jedoch nimmt das Gros der Zeit in Anspruch: Die »Veränderung von oben« löst häufig eine unsichtbare, nur durch stille Kosten dokumentierbare »Gegenrevolution von unten« aus. Denn solange Organisationsmitglieder außerhalb des Veränderungsprozesses stehen und mit fertigen Lösungen konfrontiert werden, stellen sich Akzeptanzprobleme ein: Die Mitarbeiter fühlen sich übergangen, Änderungen werden verhindert oder zumindest hinausgezögert. Und das Schlimmste daran: in etlichen »Wes-Brot-ich-ess-des-Lied-ich-sing«-Unternehmen wird das Top-Management diese Motivationsblockade nie erfahren.

> Weiterführende Informationen zur »Stille-Kosten«-Analyse finden Sie im Buch »Praktische Personalführung« von Wagner und Rex 2001, S. 51–57.
>
> Darin wird beschrieben, auf welche Arten sich die »Gegenrevolution von unten« äußert und wie sich diese auf die Kosten eines Unternehmens auswirkt. Es werden Möglichkeiten aufgezeigt, diese Kosten zu messen und schließlich zu reduzieren.

Zudem weisen »top-down«-Konzepte zur Reorganisation typische Mängel auf: nämlich Probleme, die sich bei der Umsetzung in der Praxis ergeben. Diese sind in »der« Theorie (»am Reißbrett«) nicht bedacht worden. Folge: Das Konzept muss häufig nachgebessert werden, Mitarbeiter und Führungskräfte müssen verbliebene Lücken – Unklarheiten, fehlende Regelungen, Unstimmigkeiten und vieles mehr – improvisierend ausfüllen. Viel Zeit vergeht, bis sich alles richtig eingespielt hat und die neue Struktur reibungslos funktioniert.

Abschließende Bewertung

Chancen

- Die Möglichkeit, die Unternehmensstruktur radikal und grundlegend zu verändern, den Veränderungsprozess sozusagen in »einem Guss« durchzuführen, spiegeln einen großen Vorteil der Bombenwurf-Strategie wider. Zudem ist die Zeit, bis die neue Struktur funktioniert, kurz bemessen: Die sehr lange Umsetzungsphase wird im Großen und Ganzen durch eine rasche und kraftvolle Analyse- und Konzeptionsphase kompensiert. Unserer heutigen hohen Umweltdynamik und Verkürzung der Reorganisationszyklen wird damit Rechnung getragen. Zudem wird mit dem neuen Konzept den Mitarbeitern eine genaue Richtung und ein klares Ziel vorgegeben, an dem sie sich orientieren können.

- Durch eine externe Vergabe der Problemlösung an einen Berater kann zudem Betriebsblindheit vermieden werden: Ein Fachexperte ist unbefangen und unvoreingenommen, das Problem wird sachlich-nüchtern gelöst, auch wenn der Berater »nur« zur Implementierung unliebsamer und einseitiger Maßnahmen von der Geschäftsleitung an Bord geholt wurde.

Gefahren

- Der Erfolg der Bombenwurf-Strategie hängt im Wesentlichen von der Fähigkeit der Unternehmensleitung ab, den plötzlichen Wandel gut zu verkaufen und die Mitarbeiter dafür zu begeistern. Eventuelle Widerstände müssen gebrochen werden. Es besteht dann ein großer Sanktions- und Kontrollaufwand.
- Umfangreiche Nachbesserungsarbeiten an dem neuen Konzept verursachen eine hohe Instabilität und Unsicherheit in der Umsetzungsphase. Fragen der Kompetenzverteilung wie »Wer macht jetzt was?« oder »Was muss ich machen?« treten auf.
- Da die Organisationsmitglieder bei der Analyse und Konzeption ausgeschlossen waren, befinden sie sich »außerhalb des Lernprozesses«. Zudem wird durch die Vergabe des Projekts an externes Personal kein eigenes Know-how für die Schaffung künftiger Reorganisationen gesammelt. Die Organisation bleibt auf Berater und Experten angewiesen.
- Des Weiteren ist die Identifikation mit der Lösung gering: Expertisen für teures Geld landen wieder im Laisser-faire-Stil, weil es Schwierigkeiten und Probleme bei der Umsetzung gibt. Viele Unternehmen beklagen sich, dass die gemachten Lösungsvorschläge unbrauchbar, zu wenig auf die spezielle Unternehmenssituation abgestimmt und zu theoretisch wären (kulturelle Aspekte, wie heimliche Spielregeln oder Beziehungsmuster bleiben unberücksichtigt).

Die Fragen, die sich unser Pilot Changix nun stellt, sind:

- Welche Alternative gibt es?
- Soll und wie kann gegebenenfalls dieses traditionelle Modell Stück für Stück in ein effizienteres partizipatives Teammodell überführt werden?
- Ist es wert, ein solches Vorgehen auszuprobieren?

Partizipative Strategie – Kombination von »top-down« und »bottom-up«

Die grundsätzliche Alternative zur Bombenwurf-Strategie im Change Management lautet: »Alle« oder möglichst viele vom Wandel betroffenen Mitarbeiter kontinuierlich in den Veränderungsprozess mit einbeziehen! Wenn das geflügelte Wort »Betroffene zu Beteiligten machen« zutrifft, kann Change Management aus einem größeren Fundus an Lösungsvorschlägen von unterschiedlichen Perspektiven bewältigt werden. Der Veränderungsprozess kann auf eine breite Wissensbasis für weitere Reorganisationsprozesse zurückgreifen.

Grundidee dieser Strategie ist es, die betroffenen Organisationsmitglieder am gesamten Veränderungsprozess aktiv zu beteiligen. Sie bedeutet aber kein Ausklinken des Top-Managements. Der Leidensdruck, die anfängliche Initialisierung und ein permanentes Interesse an den (Zwischen-)Ergebnissen muss von ganz oben kommen, inklusive der Budgetierung sowie der Bereitschaft, die Ergebnisse zu tragen. Gegebenenfalls müssen die Gründe für den Fall des Nicht-Umsetzens offen und partnerschaftlich kommuniziert werden.

Die Unternehmensleitung gibt allgemeine Ziele und Rahmenbedingungen vor, die betroffenen Mitarbeiter erarbeiten dann die konkreten Lösungen und setzen diese um. Nach Osterloh (1996, S. 208) gilt der Grundsatz »top-down for targets – bottom-up for how to do it«. Die oberen und die unteren Hierarchieebenen sind in einem Gegenstromverfahren miteinander zu verbinden. Der Anstoß und die Projektfreigabe einschließlich der Ausstattung mit Ressourcen kommt dabei »von oben«, die Arbeit wird vornehmlich »von unten« vorgenommen:

INFO

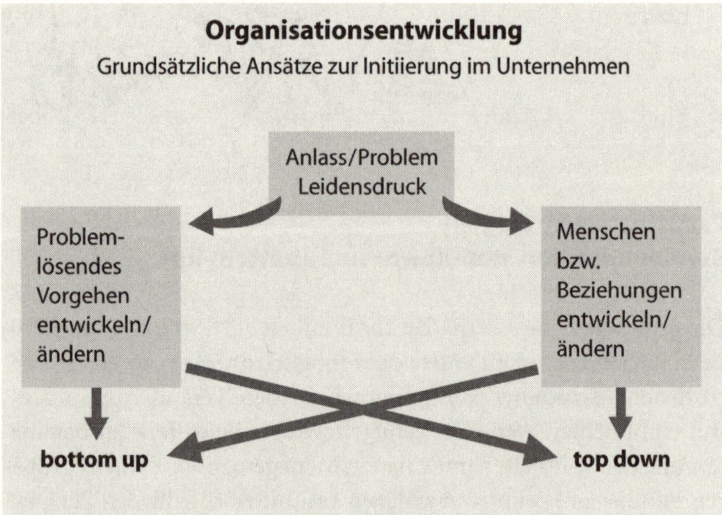

Das Gegenstromverfahren im Change Management

Konkret wird dies dadurch erreicht, dass neben der Primärorganisation eine teamorientierte Sekundärorganisation in Form eines oder mehrerer Change-Management-Projekte errichtet wird, die sich mit den Reengineering-Aufgaben befasst. Dies kann in der Form einer Projekt-Stabs-Organisation, Projekt-Matrix-Organisation oder einer reinen Projektorganisation geschehen.

Die Notwendigkeit einer Veränderung und deren konkrete Inhalte werden unter Einbezug von Mitarbeitern aus verschiedenen hierarchischen Ebenen erkannt, vorgeschlagen und soweit als möglich umgesetzt (»Selbstdiagnose und Selbstregulierung«): Die Mitarbeiter sollen sich mit den Veränderungen identifizieren können, damit die Akzeptanz der Lösung hoch und die Widerstände niedrig sind. Nach Osterloh (1996, S. 208) kann dies durch folgende drei Prinzipien geschehen:

- **Betroffene zu Beteiligten machen:** Es werden Partizipationsmöglichkeiten geschaffen. Diejenigen, die später in den veränderten Strukturen arbeiten sollen, werden beim Ausarbeiten der Problemlösung beteiligt (»involvement«). Ist die Anzahl der Betroffenen zu groß, werden Meinungsführer, die später als Multiplikatoren wirken sollen, ins Change-Management-Team berufen.
- **Hilfe zur Selbsthilfe:** Experten oder das Top-Management übernehmen hauptsächlich die Funktion von Moderatoren. Das heißt, sie stoßen Veränderungsprozesse an und bringen diese in Gang. Die betroffenen Mitarbeiterinnen und Mitarbeiter sollen aber diese Veränderungsprozesse inhaltlich selbst gestalten, ohne von der Meinung der Experten oder des Top-Managements gesteuert zu werden. Die Idee: Nur die gemeinsame Entwicklung der neuen organisatorischen Lösung stellt die Akzeptanz der Betroffenen sicher.
- **Lernen durch Erfahrung:** Durch die gesammelte Erfahrung bei Reorganisationen sollen immer höhere Lernniveaus erreicht werden. Die Organisationsmitglieder reflektieren ihre eigenen Erfahrungen systematisch, vergleichen sie mit theoretischen Konzepten und gewinnen daraus neue Erkenntnisse. Dies setzt allerdings ein Menschenbild voraus, das die Organisationsmitglieder einschließlich der Mitarbeiter prinzipiell für entwicklungsfähig hält.

Rolle der Unternehmensleitung

Widerstand und Akzeptanzbarrieren gelten heute als größte Hindernisse, wenn es um die Implementierung geht. Eine wesentliche Hauptaufgabe der Unternehmensleitung ist es daher – zumal sie die

Ziele und Rahmenbedingungen vorgibt – Einsicht in die Notwendigkeit eines Wandels bei den Betroffenen zu wecken, Vorteile müssen herausgearbeitet werden. Es muss laut Lombriser (1997, S. 336ff.) auch bei den Mitarbeitern ein Wille zum Wandel entstehen. Ziel ist es, die Mitarbeiter nicht nur zu mobilisieren, dass sie den Wandel akzeptieren, sondern ihre Mitarbeit und Kreativität aktiv zu unterstützen.

Zum anderen sind Teile der Unternehmensleitung als Machtpromotoren direkt in den Projekten beteiligt: Die Geschäftsführung startet Projekte, setzt Prioritäten und stellt andere Projekte zurück, sie beendet Projekte, sie ist Geldgeber, entscheidet über das Budget sowie welche Kapazitäten beziehungsweise welches Personal dem Projekt zugewiesen werden.

Umfang der Veränderung

Grundsätzlich ist jede Schrittgröße möglich: Von kleinen, marginalen Veränderungen am Arbeitsplatz (»Gemba-Kaizen«) bis hin zu unternehmensumfassenden, radikalen Reengineering-Prozessen. Die Unternehmensleitung überlässt zwar den Mitarbeitern die selbstständige Partizipation am Veränderungsprozess, die je nach Zeitdisposition, Unternehmenskultur und Reifegrad der Mitarbeiter sogar fast vollends delegiert werden kann. Die Unternehmensleitung übernimmt jedoch die Rolle des übergeordneten Change Agent als »Veränderungshelfer«. Das bedeutet: Sie berät und unterstützt die Mitarbeiter in dem, was sie tun, und bringt sich selbst aktiv ein, indem sie die Leitplanken des Veränderungsprozesses generiert. Zieht sich das Top-Management zu sehr zurück, läuft der Wandel unter Umständen in eine falsche Richtung. Im Übrigen lässt die Motivation bei einem nur halbherzig getragenen und vielleicht auch nur schlecht budgetierten Veränderungsprozess erfahrungsgemäß stark nach.

Erfolgreiches Change Management bedeutet harte Arbeit. Das sollte immer bedacht werden. Nur wer einen Weg findet, die Logik der berüchtigten Lorenz-Kette auch in ihren letzten zwei Teilaspekten zu beherzigen, wird Erfolg haben.

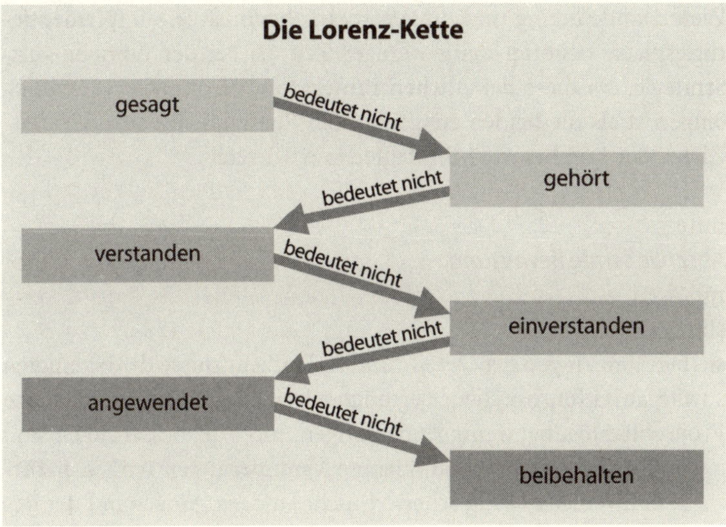

Vom JA-Sagen bis zum kontinuierlichen Tun.

Umfangreiche Unternehmenstransformationen verlieren zudem laut Lombriser (1997, S. 340) oft an Schwung, wenn Erfolgskontrollen durch Zwischenergebnisse fehlen. Kurzfristig erzielbare Erfolge erhöhen zwar die Motivation, die nötig ist um größere Ziele erreichen zu können, sie sind aber nur eine von vielen erforderlichen Komponenten. Durch das Wesen der Organisationsentwicklungs-Strategie – es handelt sich hierbei um einen eher langfristigen, mehr evolutionären Prozess denn einen revolutionären – werden Veränderungen und Verbesserungen nur kontinuierlich und in kleinen, verdaulichen Schritten erarbeitet und eingeführt. Das im Kapitel »Mentale Modelle« beschriebene praktische Vorgehen versteht sich als Initialzündung.

Faktor Zeit

Die Analyse- und Konzeptionsphase ist durch die notwendige Beteiligung der Betroffenen aufwändiger als bei der Bombenwurf-Strategie. Dafür fällt die Umsetzungsphase wesentlich kürzer aus, weil die

Widerstände gering und die Akzeptanz hoch ist. Die Implementierungsphase benötigt dann weniger Zeit als bei der Bombenwurf-Strategie. Da diese bei etlichen Projekten aber ohnehin wesentlich länger ist als die beiden erstgenannten Phasen, kann sich der Zeitvorteil der Bombenwurf-Strategie amortisieren:

Abschließende Bewertung

Chancen

- Das Einbringen der Detail- und Ablaufkenntnisse der beteiligten Organisationsmitglieder ermöglicht eine gute und realitätsnahe Problemlösung; wenig Anpassungen und Nachbesserungen sind nötig. Die schrittweisen, kleinen Veränderungen wirken natürlich. Ihre Umsetzung scheitert nicht an dem Widerstand der Betroffenen, weil diese die Lösung selbst erarbeitet haben. Die Akzeptanz und ebenso die Motivation sind hoch.
- Der damit verbundene Lernprozess bildet ein Veränderungs-Know-how auf allen Stufen der Unternehmung, auf das bei zukünftigen Change-Management-Prozessen zurückgegriffen werden kann.

Gefahren

- Größter Nachteil der Organisationsentwicklungs-Strategie ist die zeitaufwändige Lösungsfindung. Eine radikale Abkehr von veralteten Strukturen kann lange dauern. Bei der starken Umweltdynamik ist dies neben der Abwicklung des Alltagsgeschäfts nicht leicht praktizierbar.
- Der stete Wandel in der Unternehmung und das permanente »Herumexperimentieren« schaffen Unruhe. Aber auch dadurch, dass die Mitarbeiter den erforderlichen Handlungsbedarf selbst erkennen und sich selbst Ziele setzen müssen, ist keine klare Richtung vorgegeben, an der man sich orientieren könnte.

Welche Strategie ist nun im Einzelfall angebracht? – Zusammenfassend sowie zum Vergleich und zur situativen »Wahl« der autoritären und der partizipativen Strategie dient die folgende Übersicht.

INFO

Bombenwurf-Strategie

- Meistens Konzentration auf Strukturfragen.
- Expertenlösung (logisch-rational »beste« Strukturvariante).
- Geschäftsführung entscheidet exklusiv über Struktur (tendenziell Konfliktvermeidung).
- Lösung wird relativ rasch definiert.
- Geheimhaltung der Lösung bis zum Tage X unter Ausschluss der Mitarbeiter und der meisten Führungskräfte.
- »Bombenwurf« am Tage X.
- Meistens entstehen große Widerstände – und somit stille Kosten, wenn nicht hart durchgegriffen wird.
- Nachträgliche Anpassungen sind meist unumgänglich (Detailprojekte im Anschluss).
- Dauert lange, bis die neue Struktur überall richtig eingespielt ist, meist ergeben sich hohe »Reibungsverluste«.
- Lernprozess für Unternehmensspitze groß, für die übrigen Betroffenen gering.
- Ideal für kurzfristige Entscheidungen.

Organisationsentwicklungs-Strategie

- Ganzheitliche Betrachtungsweise (Organisation = sozio-technisches System).
- Betroffene = Beteiligte.
- Partizipation statt Alleinentscheidung.
- Die Lösungsfindung dauert relativ lange und ist aufwändiger als bei der Bombenwurf-Strategie.
- Erhöhte Informationsdiffusion sowie Transparenz, aber auch längere Phase der Verunsicherung.
- Durch breit abgestützte Vorbereitungen gibt es keine »Überraschungseffekte«.
- Keine oder relativ geringe Widerstände treten auf, deshalb schnellere Umsetzung.
- In der Regel weniger Anpassungen nötig, diese können gegebenenfalls rasch durchgeführt werden.
- Neue Struktur »sitzt« von Anfang an, weil die Betroffenen die Veränderungen verstehen und mittragen.
- Lernprozess für alle Führungskräfte und betroffenen Mitarbeiter groß, Veränderungs-Know-how auf allen Ebenen.
- Empfiehlt sich für Entscheidungen, die innerhalb eines längeren Zeitraums gefällt werden können.

Schlussfolgerung: Wir wissen nicht, wie der Leser seine Wahl getroffen hat. Für das moderne Change Management kommt realistischerweise jedenfalls nur eine Verbindung der kooperativen Organisationsentwicklungs-Strategie nach Lewin unter einer den Rahmen gebenden, sie aktiv unterstützenden Unternehmensleitung in Frage.

Für die praktische Anwendung der Organisationsentwicklungs-Strategie hat sich der Name »Lernende Organisation« oder »organisationales Lernen« eingebürgert. Da wir selbst in unserer Fallstudie mit diesem Ansatz arbeiten werden, leiten wir im Folgenden diesen Begriff aus der Geschichte des Change Managements kurz ab.

Unser Ansatz

Die Strategie des partizipativen Change Management und die Lernende Organisation

Etwa Mitte der 1970er-Jahre ist die Welle der partizipativen Organisationsentwicklung als Zielpunkt des Change Managements aus den USA nach Europa geschwappt. Nachdem diese Welle abgeebbt war, ist der Begriff und das Anliegen des Change Managements ins Bewusstsein vieler Manager getreten. Das geschah vor ungefähr zehn Jahren. Obwohl sich etliche Unternehmen mit Change Management auseinander gesetzt haben, wurde nicht immer das Gleiche darunter verstanden. Auch die Maßnahmen unterschieden sich voneinander. Daher klären wir zunächst, was Change Management ist.

Wir verstehen darunter »alle Maßnahmen, die zum Initiieren und Umsetzen von neuen Strategien, Strukturen, Systemen und Verhaltensweisen notwendig sind« (vgl. auch Gattemeyer/Ayad 2000, S. 14). Dies bedeutet de facto weniger detaillierte Entwürfe von Soll-Zuständen, als vielmehr eine Erhöhung der Veränderungsbereitschaft mit der logischen Abfolge von drei aufeinander folgenden Schritten:

- Skizzieren von Visionen,
- Design neuer Lösungen sowie
- Umsetzung.

Was Change Management allerdings bedeutet, und wie es in ein praktisches Konzept einfließen kann, darüber existieren bewusst keine allgemein gültigen Fahrpläne: »Es ist zwar nicht gesagt, dass es besser wird, wenn es anders wird, wenn es aber besser werden soll, muss es anders werden.« (Gattemeyer/Ayad 2000, S. 13).

In den 1990er-Jahren sind zur konkreten Ausgestaltung des Change-Management-Fahrplanes insbesondere drei inhaltliche Konzepte bekannt geworden:

- Lean Management,
- Business Reengineering sowie
- Lernende Organisation.

Lean Management in Japan

Um 1990 wurde durch die bekannten Lean-Management-Studien von James Womack und anderen nachgewiesen, dass in der japanischen Automobilindustrie wesentlich bessere Renditen und erhebliche Kosteneinsparungseffekte vorzufinden waren als in vergleichbaren europäischen und amerikanischen Werken (zum Beispiel resümierend Pfeiffer/Weiß 1992). Dieses Konzept machte sich – sehr vereinfacht gesprochen – folgendes Programm einer Schlankheitskur zu eigen:

Reduzierte Kosten +
Optimierte Prozesse +
Näher am Kunden +
____
Erfolgreich im Wettbewerb von morgen
==========================

Die wohl wichtigste und einschneidendste Forderung war die Halbierung aller Kosten. Wie genau dieses Konzept funktionieren sollte, dafür war, außer durch den Blick nach Japan, kein Rezept vorhanden. Es zeigte sich, dass die dort praktizierten Konzepte in nach westlichen Kriterien geführten Unternehmen nur schwerlich anzuwenden waren. Insbesondere war nicht vorstellbar, den damit direkt implizierten Personalabbau unter Einhaltung einer tatsächlich kooperativen Strategie umzusetzen.

Business Reengineering

Mitte der 1990er-Jahre wurde erstmals ein praktisches Rezept veröffentlicht, das durch den Input aus den USA westlichen Standards für Change Management genügen sollte: Die Vorstellung einer Fabrik auf der grünen Wiese sollte alle Prozesse im Unternehmen gedanklich auf »Null« setzen und so agieren, als müsse alles unter aktuellen Bedingungen von Grund auf neu organisiert werden. Um Change Management erfolgreich voranzutreiben, sollte die Struktur (Aufbauorganisation) den Prozessen (Ablauforganisation) folgen. Die Werke von Michael Hammer und James Champy zum Thema »Business (Process) Reengineering« (1995) wurden in Produktion und Dienstleistung vielerorts bis heute dankbar aufgegriffen. Insbesondere die Anwendung praktischer Teamarbeit ist eine Forderung, die mit modernen kooperativen Managementkonzepten kompatibel war und ist. Obwohl viele Gedanken praktisch anwendbar erschienen, scheiterten viele Reengineering-Prozesse an der Psychologie der Beteiligten. Nicht zuletzt haben sich viele Berater zunächst goldene Nasen verdient und sich dann, als die zum Teil im Betrieb recht strittigen Konzepte implementiert werden sollten, verabschiedet.

Lernende Organisation

Zeitgleich zum Lean Management ist die Idee der Lernenden Organisation geschaffen worden, welche auch unserem Werk als Pate und wichtigster Input dient. Peter Senge, ein Wissenschaftler des Massachusetts Institute of Technology (MIT) versucht, durch ein prozessual durchdachtes psychologisches Vorgehen die Betroffenen jeweils dort abzuholen, wo sie stehen (im Original: The 5th Discipline. New York 1990). Die Idee des Lean Management oder die des Business Reengineering wurden in der »Lernenden Organisation« keineswegs außer Kraft gesetzt – die Idee war vielmehr deren systematisches Weiterdenken mit psychologisch basierter Wirkungskraft.

Wir werden zeigen, wie das Konzept der »Lernenden Organisation« die Konzepte des »Lean Management« und des »Business Reengineering« zum Change Management erweitern.

INFO

Lernen und die Lernende Organisation

Wann sprechen wir von lernenden Organisationen? – Eins ist sicher: Organisationen können nur durch die Menschen, die in ihnen arbeiten, lernen. Sie passen sich den kontinuierlichen Veränderungen ihrer Umwelt an und schaffen es so, langfristig am Markt erfolgreich zu sein, strategische Wettbewerbsvorteile zu nutzen und sich Vorsprünge im nationalen und internationalen Umfeld zu sichern.

Im letzten Teil dieser Einführung wollen wir einen maßgeblichen Einblick in das Konzept der Lernenden Organisation (LO) als die unserer Ansicht nach bislang am besten anwendbaren Möglichkeit für ein zu entwickelndes Unternehmen durch eine partizipative Methode geben.

Bevor wir uns mit dem spezifischen Zusammenhang zwischen »Lernen« und Organisation näher beschäftigen, wollen wir kurz darstellen, warum Veränderung und die damit verbundene Entwicklung durch Lernen für die Überlebensfähigkeit einer Organisation eine große Rolle spielt.

Zunächst der Begriff: Peter Senge, Autor des hier verwendeten Ansatzes zur Lernenden Organisation, definiert Lernen »als permanente Fähigkeit zu handeln und zur nachhaltigen Verbesserung der Selbstverwirklichung« (nach: Hartkemeyer 1995).

Eine Vielzahl von Wissenschaftsdisziplinen beschäftigen sich mit den Phänomen des individuellen menschlichen Lernens. Die Erkenntnisse sind auch für das Lernen in einer Organisation beziehungsweise für das organisationale Lernen von Bedeutung. So ist es durchaus hilfreich, Einblicke in den menschlichen Lernprozess zu gewinnen.

Über das »Lernen« könnten wir nun lange philosophieren. Ausgangs- und Ansatzpunkt aus sozialpsychologischer und praktischer Sicht ist immer der Einzelne – wir können Organisationen ja nicht die Hand schütteln. Es sind immer konkrete Menschen, die in einer Organisation für diese lernen, obwohl die Institutionen uns oft übermächtig erscheinen. Doch führen sie kein Eigenleben, sondern werden erst durch unsere Interpretationen und Handlungen »real«. Organisationales Lernen ist dann die Fähigkeit der Organisation, im

Laufe ihrer Geschichte Lernsysteme zu entwickeln, die auf den Lernprozessen ihrer einzelnen Mitglieder beruhen und sich in Symbolen, Leitlinien, Werten und Normen der Organisation widerspiegeln.

So ist es entscheidend, über die Art und Weise des Lernens zu reflektieren, anstatt nur Fehler zu erkennen und diese zu beheben. Im Wege des Reengineering sollen Fehler überprüft und erforderlichenfalls bisherige Methoden und Prozesse modifiziert werden. So kommt es zu einer Neuorientierung und zu der Etablierung neuer Standards. Noch eine Ebene höher, auf der so genannten Meta-Ebene des Lernens nach Argyris/Schön soll die Lerntechnik ihrerseits analysiert werden. Verbunden mit der kritischen Analyse der Methoden des Lernens können hier, ganz im Sinne einer Lernenden Organisation, völlig neue Erkenntnisse gewonnen werden. Auf dieser Lernebene wird die organisationale Lernfähigkeit selbst zum Gegenstand des Lernprozesses.

Voraussetzung für organisationales Lernen ist, wie oben durch den Leidensdruck angesprochen, die Bereitschaft der Organisationsmitglieder, ihre Grundorientierungen und die in der Vergangenheit erfolgreich angewandten Handlungsmuster zu revidieren. Dies erfordert ein offenes Organisationsklima, das durch Unvoreingenommenheit und Veränderungswillen gekennzeichnet ist.

Organisationales Lernen und die Lernende Organisation

Das organisationale Lernen basiert auf der zuvor dargestellten Idee des partizipativen Lernens und ist doch von seiner Wirkung anders zu gewichten: sein Ziel ist nicht das Lernen der einzelnen Mitglieder um ihrer selbst willen, sondern die Veränderung der betreffenden Organisation, die wir Change Management nennen.

Die Lernende Organisation ist heute ein anerkanntes, aber auch umstrittenes Paradigma. Die Mitglieder eines Internet-Netzwerkes

»LO« generierten dazu 65 verschiedene Definitionen, die zeigen, dass das Verständnis sehr unterschiedlich sein kann. Aus diesem Repertoire haben wir fünf herausgegriffen, die dem Leser zur Reflektion dienen sollten:

1. »Jede Organisation ist eine Lernende Organisation. Die eine mehr, die andere weniger erfolgreich.« *Eduard Schmidt*
2. »Lernende Organisation: es passiert und keiner weiß warum.« *Richard Blamauer*
3. »In einer Lernenden Organisation bilden dessen Mitglieder ein gemeinsames Gehirn, um intelligente Lösungen zu entwickeln.« *Dietmar Behm*
4. »Eine Lernende Organisation ist eine Organisation, die beständig ihre Wege reflektiert, um Probleme zu lösen und sie an neue Situationen anpasst, um neue Fehler zu vermeiden und die alten Fehler nicht zu wiederholen.« *Hans-Thomas Koerbs*
5. »Ein Unternehmen, in dem viele Mitarbeiter enthusiastisch die Idee des »lebenslangen Lernens« verfolgen und jede Veränderung als eine Herausforderung für die weitere Entwicklung ansehen.« *Carsten Ritsch*

Während in traditionellen Unternehmen das Lernen nach der Aussage 1 oder 2 definiert wird, gehen Firmen mit Organisationsentwicklungs-Strategie eher nach 3 oder 4 vor. Während die Definition 3 eine Eintagsfliege ist, impliziert 4 einen ausgeprägten kontinuierlichen Verbesserungsprozess. Nur wenige Firmen werden bis zu 5 vorstoßen, wo Wandel hochmotiviert auf jede Agenda gesetzt wird.

Die oben genannten Definitionen haben vielfach Eingang in die Praxis genommen, und das Attribut »lernend« ist mittlerweile ein inflationärer Begriff oder auch eine »begriffliche Stopfgans« geworden. Völlig unterschiedliche lernende Institutionen haben sich das Lernen auf ihr Banner geheftet, wie die »lernende Region Ansbach«, das »lernende Tal Tegernsee«, oder die »lernende Hochschule Rosenheim«.

In der folgenden Aufstellung zeigen wir die signifikanten Unterschiede einer Nicht-lernenden zu einer Lernenden Organisation.

Nicht-lernende Organisationen (von Laisser-faire bis Bombenwurf)

- Sie reagieren nur auf Tagesprobleme.
- Sie beachten lediglich das innere Feld der Operationen.
- Sie reagieren erst bei Anhäufungen schlechter Ausbringung.
- Das Problemlösen erfolgt abteilungsweise und hierarchisch segmentiert.
- Belohnt wird die konventionelle Ausführung.
- Die Tätigkeiten und Tätigkeitsfelder sind eng umschrieben und aktive Verantwortung wird nicht unterstützt.

Diese Strategie basiert auf vermeintlich vorhandenem Expertenwissen von Managern und gegebenenfalls Beratern.

Lernende Organisation – Ziel partizipativer Lernprozesse

- Ein langfristiger Entwicklungsprozess,
- der letztlich die gesamte Organisation betrifft,
- einschließlich alle ihrer Mitglieder.
- Dieser Prozess basiert auf Lernen aller betroffenen Mitglieder oder aller Multiplikatoren durch demokratische Partizipation und praktische Erfahrung.

Dieses Konzept praktisch umzusetzen, ist Ziel dieses Buches.

Die fünf Disziplinen der Lernenden Organisation und die Praxis

Das Konzept der »Lernenden Organisation« in ein plausibles empirisches Programm zu übersetzen, das zudem auch Schritt für Schritt in der Praxis anwendbar ist. Es auf dieser Basis weiter voranzutreiben, wird dann zur praktischen Bewährungsprobe.

Das Kernstück dieses Buches beinhaltet somit die Anwendung der »fünf Disziplinen« nach Peter M. Senge, dessen Werk seit 1990 in etlichen Publikationen diskutiert wurde (vgl. u.a. Flood 1999). Bevor wir diesen Weg nachzeichnen, haben wir für den Leser eine gute und eine schlechte Nachricht.

Zuerst die gute Nachricht: Peter Senge hält sich nicht lange bei einer Begriffsbestimmung auf, sondern spaltet den Begriff der »Lernenden Organisation« in fünf (psycho-)logisch aufeinander aufbauende Teildisziplinen:

- **Personal Mastery:** Ist die Disziplin der Selbstführung und Persönlichkeitsentwicklung. Sie bildet eine Art geistige Grundlage für das angewandte Change Management: Ziel ist, dass sich einzelne Mitglieder des Change-Management-Teams über die wirklich wichtigen Dinge im eigenen Berufsleben klar werden und diese möglichst in Beziehung zu der Entwicklung des Unternehmens setzen können. Die damit einhergehende Bildung von Visionen bedeutet Weiterentwicklung in Selbstmanagement und kommunikativer Kompetenz.
- **Mentale Modelle:** Sind tief verwurzelte Annahmen, Denkroutinen, Verallgemeinerungen und Vorurteile, die großen Einfluss darauf haben, wie die Welt wahrgenommen wird oder wie jemand handelt. Sehr häufig hindern uns diese Modelle, Veränderungsschritte einzuleiten, die erstrebenswert, ja nach rationaler Prüfung vielleicht sogar notwendig sind, da sie unser bisheriges Denken in Frage stellen. Oft sind wir uns der mentalen Modelle beziehungsweise ihrer Auswirkungen gar nicht bewusst. Im Change Management werden wir versuchen, die mentalen Modelle wie die Widerstände in der Physik zu nutzen.
- **Gemeinsame Vision:** Diese Disziplin will die Mitarbeiter durch ein Gefühl von gemeinsamer Bestimmung solidarisieren. Die Visionen, Missionen und Aufgaben sind die Antwort auf die Frage: »Was wollen wir zusammen erschaffen?« Dieses gemeinsame Zu-

kunftsbild stellt auch in ökonomisch schwierigen Phasen eine positive Orientierung dar, derer sich Mitarbeiter verpflichtet fühlen, was sich motivierend auswirkt und Energien freisetzt.

- **Teamlernen:** Diese Disziplin setzt an mit der Fähigkeit der Teammitglieder, eigene Annahmen in »echten Dialogen« in die gemeinsame Vision so einzubringen, dass gemeinsam und offen gedacht werden kann, um zielgerichtet und koordiniert zu handeln. Der Synergieeffekt gemeinsamen Denkens und Handelns ist viel mehr als die Summe seiner Teile und hat eine völlig neue Qualität. Betriebliche Abläufe sowie Strukturen produktiv unter Einbezug der Betroffenen zu ändern – dies ist die Agenda von Teamlernen.
- **Systemdenken:** Bezeichnet – sinnbildlich gesprochen – die Fähigkeit, das Unternehmen und seine Umwelt ganzheitlich, wie durch ein Weitwinkelobjektiv, und nicht durch ein Teleobjektiv zu betrachten, und entsprechende Handlungspläne aufzustellen. Diese »Meta-Perspektive« dient dazu, ein gemeinsames Verständnis über alle den Erfolg entscheidenden systemischen Einflussfaktoren und ihrer Wechselbeziehungen zu erlangen. Somit ist Systemdenken letztlich die integrative Disziplin, welche alle anderen vier Disziplinen miteinander verknüpft.

Nun die **schlechte** Nachricht: Den Leser interessiert vermutlich nicht, eine Abhandlung über ein Konzept zu erhalten, das theoretisch interessant erscheint, aber nur bruchstückhaft anwendbar ist. Zudem muss sich der Leser von Senges Werk nicht nur durch die über 600 Seiten des Feldbuches zur Fünften Disziplin kämpfen, sondern auch noch versuchen, die Sekundärliteratur im Anschluss an Senge seit 1990 zu durchforsten, um den aktuellen Durchblick zu bekommen. Daher werden wir – nach einer kurzen Herleitung – die für das praktische Change Management entscheidenden zwei Fragen stellen, die Senges Konzept entsprechend praktisch nutzbar machen:

- Wie konkret lassen sich die fünf Disziplinen in der Praxis umsetzen?
- Wie verläuft der Fahrplan von der individuellen Vision zur Aktion unter Zugrundelegung des Systemdenkens?

Zentral für dieses Buch wird daher nicht das Change Management allgemein, sondern die Organisation eines Kick-off-Workshops, in dem die fünf Disziplinen durchgespielt werden. Wir werden nun konkret anhand des Praxisbeispiels der Spa Ltd. & Bad GmbH zeigen, wie die Visionen Schritt für Schritt in die Realität umgesetzt werden können.

Als lockeren und direkten Einstieg dient die folgende Abbildung einer Mindmap über unser Unternehmen, das aufgrund einer Fusion große Veränderungen vor sich hat.

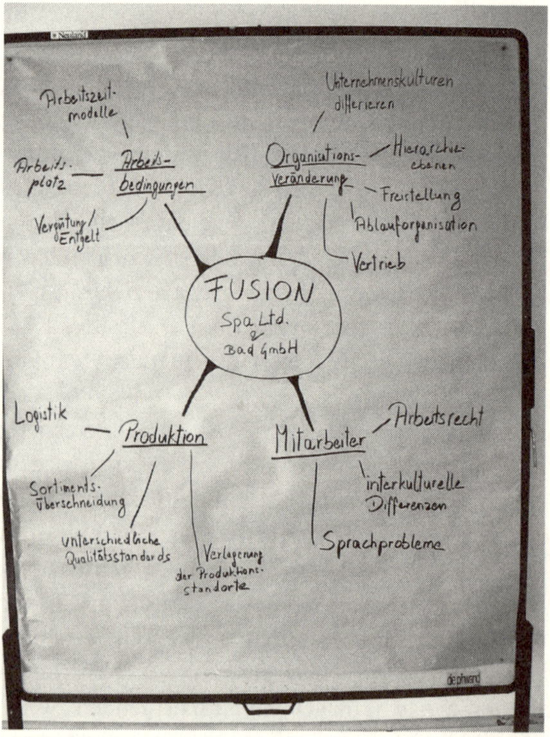

Mindmap Spa Ltd. & Bad GmbH

Personal Mastery

Disziplin der Selbstführung und Persönlichkeitsentwicklung

Die Personal Mastery, zu Deutsch die »persönliche Meisterschaft«, ist die psychologische Eingangsbedingung für erfolgreiches Change Management. Sie hat in erster Linie mit Selbstmotivation zu tun. Sicher kennen Sie Dagobert Duck: Der junge Dagobert Duck, der wie viele erfolgreiche Unternehmer in jungen Jahren per Vision sein späteres Imperium avisiert, hat viele Jahre gebraucht, um seinen persönlichen Kindheitstraum durch ein Start-up-Unternehmen in der Hinterhofgarage oder durch Tellerwaschen mit Personal Mastery wahr zu machen. Irgendwann hatte er eine Vision von der persönlichen Zukunft, und arbeitete konsequent an ihrer Umsetzung.

Menschen, die einem Dagobert Duck ähnlich sind, haben die Planung ihres Lebens im Griff, weil sie sich von einem Zustand in der Zukunft anleiten lassen. Sie können das scheinbar Unmögliche

in Bezug auf die mittel- und langfristige Zukunft schaffen. Als Analogie aus der Biologie dient folgendes Bild: Einen Baum zu pflanzen heißt: rechtzeitig eine Vision haben und über die Jahre systematisch an ihr festhalten.

In einer säkularen Welt dürfen wir sicher nicht erwarten, dass uns eine göttliche Eingebung von oben gegeben wird, die unser Handeln und Tun anleitet, wie etwa die Vision der Priesterin Perpetua in der Bibel. Nehmen wir einmal an, dass wir Mitarbeiter aus verschiedenen Hierarchien mit der Frage konfrontieren, sich über die längerfristige Zukunft des Unternehmens und dessen Konsequenzen für den eigenen Arbeitsbereich Gedanken zu machen. Dann lauten die zwei Kernfragen, durch die sich Personal Mastery definiert:

- Wie sehen Sie sich in fünf oder zehn Jahren?
- Was soll unser Unternehmen Ihrer Meinung nach im Rahmen der Unternehmensplanung tun, um proaktiv Veränderungen anzugehen?

Persönliche Visionen aus verschiedenen Perspektiven zu klären und kontinuierlich zu leben – das ist der Kerngehalt ihrer Umsetzung in der Praxis. Durch den konkreten Blick in die Zukunft verbindet sich eine Bündelung von Energien sowie der Versuch einer objektiveren Betrachtung der Realität. Dies entspricht der geistigen Grundlage einer Lernenden Organisation. Später können dann in der fünften Disziplin ganz konkrete Handlungspläne abgeleitet werden.

Warum setzt Peter Senge für Change Management in Organisationen unterschiedlicher Größe mit dem Individuum an? Entscheidend in einem unternehmerischen Kontext ist die Einsicht, dass die Bereitschaft einer Organisation zu lernen immer nur so groß sein kann wie die ihrer Mitglieder. Ohne individuelles Lernen ist kein organisationales Lernen möglich.

Bedeutende Autoren, die sich professionell mit Change Management beschäftigen, sind sich einig in Bezug auf einen Aspekt:

Notwendige Veränderungen können nur unter Beteiligung der Betroffenen im Team organisiert und umgesetzt werden.

Deswegen gehen wir davon aus, dass wir in einem eigens organisierten Workshop Personen sitzen haben, die gewillt und fähig sind, sich aktiv an Change Management zu beteiligen (vgl. Doppler/Lauterburg 1996, S. 136). Wer genau in diesem Team sitzen sollte, wird in den Kapiteln »Gemeinsame Visionen« und »Teamlernen« näher beschrieben.

Personal Mastery reicht über Kompetenz und Fachwissen hinaus, auch wenn sie in Kompetenz und Fachwissen gründet. Es lassen sich folgende Grundregeln für die eigene Vision zusammenfassen (vgl. Senge 1999a, S. 171ff.):

- an sein Leben herangehen wie an ein schöpferisches Werk,
- proaktiv-kreative statt reaktiv-gemaßregelte Lebensauffassung,
- leben um zu lernen, lebenslang!

Bezogen auf die beiden oben genannten Fragen bedeutet Personal Mastery im Unternehmen, sich durch Offenlegung der Zukunftsvision grundlegende Fähigkeiten für mehr Kundenorientierung, bessere Kommunikation oder effektiveres Konfliktmanagement anzueignen. Weiterentwicklung im Selbstmanagement und kommunikative Kompetenz sind der damit verbundene Nutzen für den Mitarbeiter (www.mit.com).

Konkret heißt das, sich konsequent neu auszurichten und den Alltag am Fließband oder im Büro nie als gegeben hinzunehmen. Bei der Generierung dieses Zukunftsdenkens spielt der Begriff **Vision**, als Sammelbegriff für den angestrebten Zustand, eine große Rolle. Noch mehr: Es geht darum, für sich selbst eine Vision zu definieren und diese dann mit der Assistenz des Teams konsequent anzuwenden.

Offizielle Visionen sind – meist im Gegensatz zu nie abgefragten persönlichen Visionen – zwar vorhanden und vorgegeben, aber niemand sieht das Commitment, diese durch tägliches Tun umzusetzen. Selbst wenn Visionen nicht zum bloßen Aushängeschild verkommen, sondern durch konkrete »Missionen« und Aufgaben näher beschrieben sind, fehlt oft ein effizienter Transmissionsriemen zu den Mitarbeitern (vgl. zum Unterschied formell – informell: Breisig 1990, S. 35). Hierfür ein Beispiel, an denen »das Problem« klar ersichtlich wird:

Beispiel für eine offizielle Unternehmensvision

Das Top-Management des Bekleidungsherstellers Marc O'Polo hat ihre Vision heruntergebrochen in eine Mission mit »unseren fünf Schlüsselwörtern«:

- Natürlichkeit
- Einfachheit
- Qualität
- Persönlichkeit
- Innovation

Bedeutung im Sinne des Unternehmens: Der Dreh- und Angelpunkt in der Ausübung der täglichen Arbeit gibt den Vorsprung gegenüber den Mitbewerbern.

Bedeutung im Sinne der Mitarbeiter: Wissbegierig, offen, kreativ und mutig sein.

Die praktische Frage daraus lautet für Marc O'Polo und unzählige andere Firmen: Wie können allgemeine »top-down«-Visionen (und nachfolgende Missionen) sowie zu generierende »bottom-up«-Visionen von Seiten der Mitarbeiter in verschiedenen Hierarchien miteinander in Verbindung gebracht werden? Geben diese Visionen etwas für die eigene betriebliche Praxis des Mitarbeiters jetzt und insbesondere in der Zukunft ab? Welche eigenen Vorstellungen habe ich als Mitarbeiter oder Führungskraft, wie das Unternehmen der Zukunft für meinen Erlebnisbereich aussehen könnte? Welche (positive) Rückkoppelung haben diese persönlichen Visionen auf die offizielle Unternehmensvision?

Um diese Fragen beantworten zu können, gilt es, zunächst für sich selbst so genannte »Primärvisionen« zu definieren.

Definition einer Primärvision

Eine Primärvision entspringt aus den tiefsten innersten »intrinsischen« Bedürfnissen. Es handelt sich hierbei um die Beantwortung der Frage:

> **»Was soll mein Leben in der längerfristigen Zukunft ausmachen und welche Wertvorstellungen habe ich dabei?«**

Wichtig hierbei ist das Bewusstsein, dass auch dieser Definitionsprozess kontinuierlich der Veränderung bedarf, da sich immer alles im Wandel befindet – sowohl meine eigenen Wertvorstellungen, als auch meine Umwelt.

Es ist also wichtig, sich selbst immer wieder zu fragen, ob man noch auf dem richtigen Weg ist und welcher Veränderungen es gegebenenfalls bedarf. Durch diesen Überprüfungsprozess lernt zunächst jeder einzelne, die gegenwärtige Realität deutlicher wahrzunehmen. Entscheidend bei diesem »Mission Statement« ist es, die eigene Vision in Worte fassen zu können, um die persönliche Vision verbal zu »visualisieren«.

Ein Beispiel für Visionen, die in konkretere Missionen mit Außenwirkung aufgespalten werden können, ist die »kundennahe Belieferung« durch

- Just in time,
- Preisvorteil,
- Zusatznutzen.

Nachdem diese Visionen geprüft sind, ist zu klären, wie die sekundären Visionen im Unternehmen damit zusammenhängen. Die Problemstellungen für den Change-Management-Workshop leiten sich dann daraus ab.

Fahrplan zur Visualisierung der Visionen

Aus dieser Idee heraus lässt sich, in Anlehnung an das Werk von Peter Senge, für die Modellierung der »persönlichen Visionen« im Change-Management-Workshop folgendes Vorgehen ableiten:

- »Meine« ideale Organisation in zehn Jahren
- Meine persönlichen Top »3–5«
- Vertiefung meiner Definition
- Gemeinsames Ranking und Kommentare

»Meine« ideale Organisation in zehn Jahren

Der Moderator gibt die in der Übung auf der gegenüberliegenden Seite zu lesende Regieanleitung für diesen »einsamsten« Teil des Workshops.

Bei dieser Übung sind alle Ideen erlaubt. Den Teilnehmern ist zuzusichern, dass ihre Ergebnisse deren persönliches Eigentum darstellen. Sie können selbst entscheiden, ob und welche Teile zur Erarbeitung der gemeinsamen Vision weitergenutzt werden können, und welche beim Visionsgeber verbleiben.

Konkret lautet die Frage für den Einzelnen: »Was bringt mir das persönlich?« Dadurch gewinnt die Vision an Tiefe, sodass die damit verbundenen Auswirkungen klar erkannt werden können. Soll zum Beispiel das Unternehmen meiner Zukunft ein Wohlfühlraum werden, in dem sich nach der offiziellen Betriebszeit nicht nur Einzelkämpfer befinden? Sind wir in zehn Jahren nicht wie heute beim Credo eines angedachten Reengineering-Prozesses, sondern haben diesen als permanente Aufgabe implementiert und grandiose Fortschritte gemacht?

Übung

Stellen Sie sich vor, Sie würden in der Lernenden Organisation leben, die Sie sich für Ihre Vision »ich/mein Team/mein Unternehmen in zehn Jahren« vorstellen. Beantworten Sie bitte – jeder für sich – in den nächsten zehn Minuten auf einem Blatt Papier gewissenhaft folgende Fragen (vgl. Senge 1996b, S. 57).

Welche Verfahren, Abläufe und Ereignisse fördern Wachstum und Erfolg der Organisationsmitglieder?

Wie verhalten sich die Menschen innerhalb der Organisation? Wie interagieren sie mit der äußeren Welt?

Welche Unterschiede bestehen zwischen dieser idealen Organisation und der jetzigen?

Meine persönlichen Top »3–5«

Nun werden die Teammitglieder aufgefordert, ihre Ideen in drei bis fünf wichtige Kategorien zu verdichten.

Vertiefung meiner Definition

In diesem Abschnitt händigt der Moderator den Teilnehmern eine Checkliste aus, anhand derer die persönlichen Top »3–5« zunächst vom Einzelnen privat zugeordnet werden sollen. Folgende Punkte sind für die Vision laut »Persönlicher Zieldefinition« (vgl. Senge 1996b, S. 57f.) von Interesse:

- **Freies Experimentieren:** Die Mitarbeiter fühlen sich frei zu experimentieren, Risiken einzugehen und die Ergebnisse ehrlich zu bewerten. Keinem wird der Kopf abgerissen, wenn er einen Fehler macht.
- **Identifikation mit der Arbeit:** Die Menschen haben das Gefühl, dass ihre Arbeit wichtig ist – für sie persönlich und für die Welt als Ganzes.
- **Nutzungsgrad Kreativitätspotenziale:** Jedes Mitglied der Organisation ist in irgendeiner Weise damit beschäftigt, seine kreativen Fähigkeiten zu fördern, zu entwickeln oder zu erweitern.
- **Nutzungsgrad Teampotenziale:** Die Gruppe ist intelligenter als der Einzelne. Wenn man möchte, dass etwas wirklich Kreatives geschieht, beauftragt man immer ein Team und keine Einzelperson.
- **Nutzungsgrad Wissenspotenziale:** Die Organisation wird sich ihrer eigenen, tieferen Wissensgrundlage zunehmend bewusst – sie erschließt insbesondere das Reservoir an stillschweigenden, unausgesprochenen Erkenntnissen in den Herzen und Köpfen der Mitarbeiter.
- **Bestehen von Visionen:** Auf allen Ebenen entstehen Visionen über die Zukunft der Organisation. Die Verantwortung des Top-Managements besteht darin, den Prozess zu steuern, durch den neue Visionen zu gemeinsamen Visionen werden.

- **Transparenz der Organisation:** Die Mitarbeiter werden ermutigt, sich mit den Abläufen auf allen Organisationsebenen vertraut zu machen, damit sie verstehen können wie sich ihr eigenes Handeln auf andere auswirkt.
- **Selbstkritischer Umgang:** Die Mitglieder der Organisation stellen ihre gegenseitigen (und eigenen) Ansichten und vorgefassten Meinungen ganz selbstverständlich infrage. Es gibt wenige bis gar keine heiligen Kühe oder indiskutablen Themen.
- **Partnerschaftlicher Umgang:** Die Menschen behandeln einander als Kollegen und Partner. Sie gehen bei Gesprächen und bei der Zusammenarbeit respektvoll und vertrauensvoll miteinander um, unabhängig von ihren Positionen.

Gemeinsames Ranking und Kommentare

Nun fordert der Moderator die Teilnehmer auf, anhand der neun kurz erläuterten Kriterien mittels einer freiwilligen Punktabfrage Zuordnungen der eigenen »Top 3« vorzunehmen. Das Ranking auf der nächsten Seite zeigt im Ergebnis unseres Vorzeige-Workshops, wie die Teilnehmer die Priorisierungen vornahmen:

Dieser Vorgang bedeutet den ersten Schritt von den noch sehr privaten Visionen (und ihrer Zuordnung zur Checkliste) an die Öffentlichkeit. Zu bemerken ist noch, dass am Ende zwischen 25 und 40 Punkte auf der Wand angebracht sein sollten. (Dementsprechend richtet sich die von jedem Teilnehmer zu vergebende Punktzahl nach der Gesamtteilnehmerzahl.) Die Teilnehmer sollen nun die Zuordnung ihrer Top 3 dem gesamten Team zur Verfügung stellen. Aus diesem Vorgehen zeigen sich erste Tendenzen, in welche Richtungen die Reise der persönlichen Visionen in Unternehmen gehen soll.

Der Moderator kann dem Team auch offenstellen, wie stark Top 1, 2 oder 3 in die Gesamtgewichtung eingehen sollten. (In unserem Beispiel entschieden sich die Teilnehmer für Top 1 drei Punkte, Top 2 zwei Punkte und Top 3 einen Punkt zu vergeben.)

Auf der Basis dieser Abfrage und des erfolgten Rankings folgt anschließend eine Diskussionsrunde, bei der – wie eben auf der Pinn-

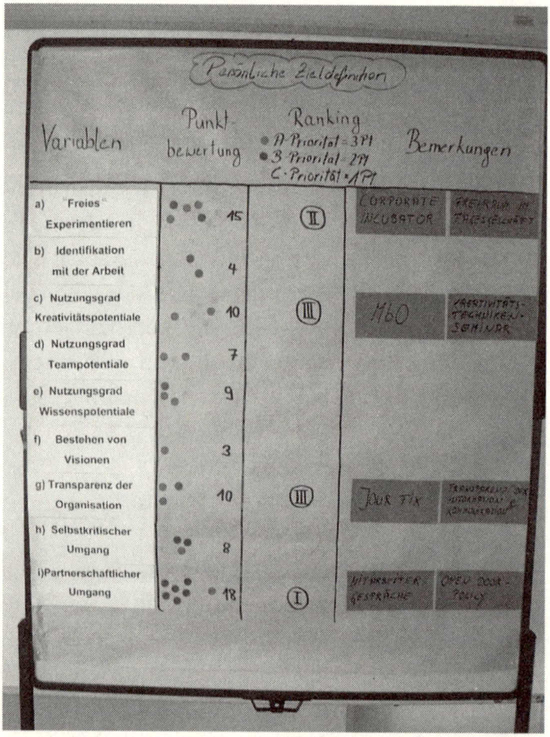

Persönliche Zieldefinition

wand bereits integriert – die Teilnehmer **Bemerkungen und Vorschläge** anbringen, die vom Moderator mittels einer Kartenabfrage an die Pinnwand geheftet werden. Diese bleiben als Themenspeicher für den weiteren Workshop erhalten. Befinden sich sehr viele Teilnehmer (ab zehn) im Workshop, können die Top 3–4 aus Platzgründen auf eine andere Pinnwand gehängt und Zug um Zug besprochen werden.

Mentale Modelle

»Von Widerstand kann immer dann gesprochen werden, wenn vorgesehene Entscheidungen oder angedachte Maßnahmen, die auch bei sorgfältiger Prüfung als sinnvoll, ›logisch‹ oder sogar dringend erforderlich angesehen erscheinen, aus zunächst nicht ersichtlichen Gründen bei Individuen, Teams oder bei der gesamten Belegschaft auf diffuse Ablehnung stoßen, nicht unmittelbar nachvollziehbare Bedenken erzeugen oder durch passives Verhalten unterlaufen werden.« (vgl. Lauterburg/Doppler 1996, S. 202).

Senges zweite Disziplin geht den individuellen psychologischen Problemen auf den Grund, welche der Verwirklichung der Visionen entgegensteht. Zunächst gehen wir auf die Psychologie der Widerstände ein. Anschließend docken wir dann an die erste Disziplin an, um unser Beispielprojekt voranzubringen.

Widerstände werden entgegen den Einsichten aus der Physik von ihrer Notwendigkeit in der Wirtschaftswelt nur allzu oft negativ etikettiert: Menschen oder Gruppen, die gegen Innovationen sind, in die gewünschte Richtung zu bringen, erscheint vielfach als schwieriges Vorhaben. Schwierig wird es vor allem dann, wenn nicht alle Gegner von Change Management ihre Identität zu erkennen geben. Scheinbar unüberwindbare »objektive« Widerstände werden irgendwo vermutet und dienen dann oft als Legitimation, Change Management selbst bei genereller Aufgeschlossenheit im konkreten Fall abzulehnen. Vielfach wird zwar vorgegeben, generell für den Wandel zu sein. Mit Verweis auf Zeit- und Budgetdruck oder mit der Entschuldigung, die Organisationsstruktur sei festgefahren oder die Unternehmenskultur ungeeignet, wird dann aus so genannten objektiven Gründen der Wandel ausgeschlossen.

Von Seiten der Sozialpsychologie lässt sich dazu feststellen, dass genau diese »objektiv« feststehenden Aspekte durch das »subjektive«

Nadelöhr des Bewusstseins müssen. Auch objektiv erscheinende feststehende Variablen wie das fehlende Budget, die nicht ausgerichtete Organisationsstruktur oder die unpassende Unternehmenskultur sind von Menschen gemacht und können im Prinzip von Menschen wieder geändert werden!

Beispiel Verzerrungsbild bringen

Für Peter Senge sind die so genannten »Mental Models« die Auslöser für subjektive Widerstände, welche die meisten objektiven Widerstände durch die Kraft der Situationsdefinition einschließen.

Mentale Modelle sind nach Senge tief verwurzelte Annahmen, Verallgemeinerungen oder auch Bilder und Symbole, die großen Einfluss darauf haben, wie wir die objektive Welt wahrnehmen und wie wir handeln. Häufig sind wir uns dieser Mentalen Modelle oder ihrer Auswirkungen auf unser Verhalten nicht bewusst. Diese Modelle sind aber hochgradig verantwortlich für den Umstand, dass Wandel in eine kontraproduktive Richtung oder gar nicht läuft.

Beispiel für ein Mentales Modell:
»Ich vertrete anderen gegenüber die Meinung, dass in unserer Organisation ein Wandel der Strukturen und Abläufe dringend nötig ist und erkläre meine Bereitschaft, mich dabei aktiv einzubringen.« (= verlautbartes Handeln)
»*Aber* wenn es um die Restrukturierung meines Arbeitsplatzes und die an einem Workshop angedachte flexible Entgeltfindung geht, wache ich, verweisend auf die geltenden Regelungen, mit Argusaugen über all meine Besitztümer.« (= praktiziertes Verhalten)

Durch dieses Beispiel wird deutlich, dass Menschen nicht (immer) in Übereinstimmung mit ihren nach außen sichtbaren Grundsätzen handeln, und objektive Gründe nicht selten als Feigenblatt dafür dienen, sich dem Wandel entgegenzustellen. Ihr zum Teil unreflektiertes Verhalten richtet sich nach einer Übereinstimmung mit ihren Mentalen Modellen. Diese Tatsache ist an sich menschlich. Wichtig für praktisches Change Management ist es daher, diese Abweichungen zu reflektieren und produktiv in den Wandel einzubringen.

Mentale Modelle sind fast immer implizit und steuern unser Handeln. Sie sind sozusagen die sozialpsychologischen Wurzeln, aus denen konkrete oder nach außen sichtbare Widerstände erwachsen. Es wäre ziemlich naiv, Visionen kreieren zu lassen und so zu tun, als wären Widerstände »spekulativ« oder »nicht zu ändern«. Aus diesem Grund wird in diesem Kapitel ein Hauptaugenmerk auf die Struktur dieser Mentalen Modelle gelegt. Zunächst werden wir jedoch ableiten, wie wir diese, als quasi kritische Reflexionsfilter der Visionen, in ihrer Komplexität erkennen und – sofern irgend möglich – steuern und nutzen können.

Die Spannung zwischen Realität und Vision

Wenn wir unsere im letzten Abschnitt explizit gemachten persönlichen Visionen (denn da wollen wir langfristig hin!) mit der von uns wahrgenommenen gegenwärtigen Realität (in der wir ja jetzt leben!) vergleichen, verändert sich wahrscheinlich auch unsere Wahrnehmung von potenziellen Widerständen. Insgesamt sind drei grundsätzlich verschiedene Spannungszustände zwischen zwei – bildlich gesprochen – zwei ineinander geschlungenen Gummibändern denkbar. Die ersten beiden Zustände entstehen im Prozess des Change Managements, die dritte ist »Business as usual« (falls sich nichts tut):

- Aufgrund der Aufforderung, die eigene persönliche Vision zu kreieren, erhöht sich der Leidensdruck. So stellt sich eine kreative Spannung zwischen jetzt erlebter Wirklichkeit und zukünftig gewollter Vision ein. Diese psychologische Spannung, die durch Widerstände gekennzeichnet ist, wird der Mensch versuchen abzubauen.

- Ziehen wir die Gummibänder bei der Generierung der Vision dagegen an beiden Enden zu stark an, werden sie wegen des zu starken Widerstandes an ihrer schwächsten Stelle reißen. Dies tritt auf, wenn wir keine Vision, sondern eine Utopie im Kopf geschaffen haben, die zu weit weg ist vom richtigen Leben. Oder wenn durch die Mentalen Modelle die »Interessen« anderer nicht berücksichtigt werden oder diese gar blockieren.

- Würden wir jedoch die Kraft der Visionen brach liegen lassen, so ist die Spannung so wie die zweier Gummibänder, die – ineinander geschlungen – nicht gedehnt werden. Es entstehen zwar beschwerenswerte Zustände, aber heilige Kühe darf man eben nicht schlachten. Und: Die Bequemlichkeit tut das ihrige.

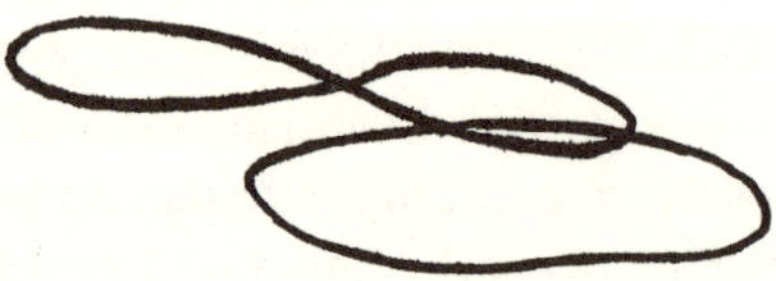

Entscheidend für den Umstand, dass nur ein geringer Teil unserer Visionen verwirklicht werden, ist die »Überzeugung der eigenen Macht- oder Wertlosigkeit«, die uns an die gegenwärtige Realität bindet.

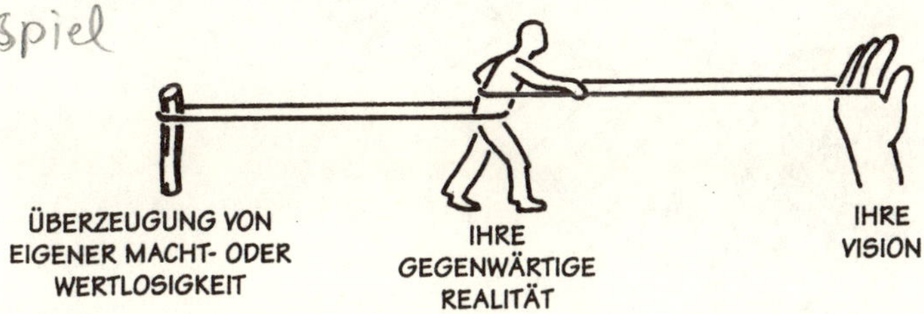

Visionen und die gegenwärtige Realität (Senge 1996a, S. 193)

Es gilt also – bildlich gesprochen – den Pflock, der für die individuellen Widerstände der eigenen Macht- und Wertlosigkeit steht, durch die Attraktivität der Vision zu lockern. Aus der Vision entwächst Motivation und Wertschätzung, die als ein entsprechendes Gegengewicht diesen Komplexen entgegenstehen.

Oft erscheinen uns die Widerstände so übermächtig, dass sie uns zu erdrücken scheinen und es offenbar keinen Ausweg gibt, ihnen zu entrinnen. Noch schlimmer: Je mehr wir Ideen des Wandels vertreten, desto mehr werden wir zum potenziellen Revolutionär oder Rebellen für andere. Daraus resultiert beispielsweise die Angst, wir könnten anderen »ins Gehege kommen« und von den Widerständen überrollt werden (Gefahr, dass der Visionen-Gummi reißt).

Dieser Zustand kann in der Wahrnehmung verglichen werden wie mit dem eines herannahenden Zuges, auf dessen Gleis wir uns befinden und von welchem es scheinbar kein Entrinnen gibt. Man kann sich gut vorstellen, dass man in dieser Situation starr vor Angst den Zug immer näher kommen sieht und erst in letzter Sekunde vom Gleis springt.

Selbstverständlich ist die Vorstellung, einfach von den Schienen abzuspringen, und einen Ausweg aus dem Dilemma zum Wandel zu finden, verführerisch. In vielen Fällen ist die Vorstellung von Taubenberger zu einfach: Falls es uns gelingt, von unserem imaginären

»Wenn nicht bald eine Weiche kommt, sind wir verloren.«

»Denkgleis« abzuspringen, so ist die Situation möglicherweise wie die in einem großen Bahnhof, wo das Abspringen von einem Gleis das Aufspringen auf weitere Gleise mit anderen gefährlich herannahenden Zügen bedeutet (»Gefangenendilemma«).

Die folgenden Barrieren (Schranken) stehen dem Wunsch des Abspringens zunächst diametral entgegen.

Persönliche Lernschranken

- **Lernschranke I: Angst, abgewiesen zu werden (N):** »Wenn ich mich nicht öffne und keinen Schritt auf den anderen zugehe, bin ich sicher und muss mich nicht mit einer evt. Ablehnung und den damit verbundenen Gefühlen auseinander setzen.«
- **Lernschranke II: Angst, es nicht zu schaffen (R):** »Wenn ich mich auf etwas Neues einlasse, ist damit stets die Gefahr von Scheitern und Versagen verbunden. Wichtige Leute könnten erkennen, dass ich doch nicht so toll bin, wie sie von mir glauben sollen.«

- **Lernschranke III: Fehlende Einsicht, dass ich selbst mit der Veränderung beginnen muss** (A): »Wenn ich mich verändere, muss ich sicher sein, dass meine Bemühungen nicht umsonst sind und ich nicht ausgenutzt werde. Deshalb sollen sich erst die anderen ändern, damit ich sehe, dass sie es ernst meinen und dann werde ich auch etwas investieren.«
- **Lernschranke IV: Mangelndes Ärgermanagement und Konfliktmanagement** (D): »Wenn ich wütend oder traurig bin, soll das niemand erkennen, denn das zeugt von Verletzlichkeit und Schwäche. Wenn der andere diese Gefühle an mir wahrnimmt, wird das für mich von Nachteil sein.«
- **Lernschranke V: Fantasiekäfig** (O): »Ich weiß wie die Wirklichkeit ist und wie die anderen sind, wem ich vertrauen kann und wem nicht, wer mein Freund und wer mein Feind ist, was ich kann und was nicht. Deshalb will ich mich auch auf keine neuen Experimente einlassen, die nur gefährlich sind und für mich schlecht ausgehen könnten.«

Mehr als ein Schuss Trost in einer zunächst ausweglos erscheinenden Lage, der wandlungsfreudigen Change Agents helfen kann: Widerstände, gleich, ob wir sie eher als Gummibänder oder herannahende Züge ansehen, sind unter günstigen Umständen nutzbar, wenn sie in einem ersten Schritt reflektiert und analysiert werden. Das Individuum und folgend das Team können daraus in einem zweiten Schritt *lernen* – ganz in unserem Sinne und wie bereits in der Einleitung zur Lernenden Organisation abgeleitet.
Wenn Widerstände nicht als Hürde, sondern als Chance für Verbesserungen und potenzielle Inputs gesehen und genau so genutzt werden, kann Change Management produktiv in die Bahn kommen. Voraussetzung hierfür ist jedoch, eine Technik zu beherrschen, die es ermöglicht, Widerstände nicht nur allgemein zu reflektieren, sondern konkret am Beispiel zu identifizieren.

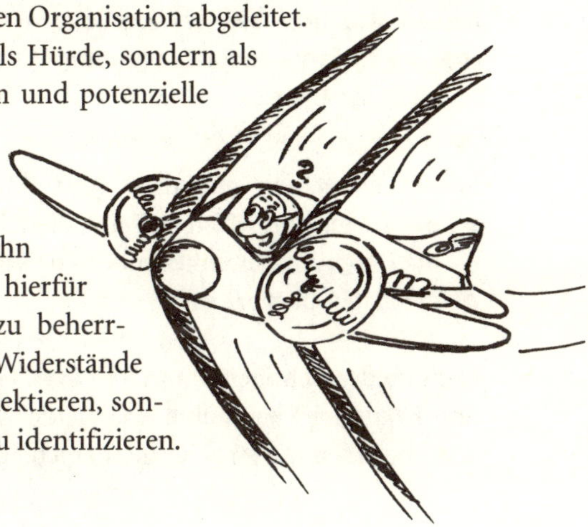

Technik zum Erkennen von Mentalen Modellen

Zunächst: Um Mentale Modelle treffsicher erkennen zu können, bedarf es grundsätzlich bestimmter Fertigkeiten, die auf der Meta-Ebene des Denkens (also das Denken über das Denken) stattfinden. Diese sind im Einzelnen die folgenden Fertigkeiten.

Das Erkennen von Abstraktionssprüngen

Hierbei geht es darum, bewusst zu merken, wann und wie Beobachtungen verallgemeinert werden.

Unser rationaler Verstand abstrahiert konkrete Einzelheiten. Er ersetzt zahllose Details durch einfache Begriffe und denkt dann in diesen begrifflichen Kategorien. Aber genau diese Fähigkeit zum abstrakten begrifflichen Denken behindert uns beim Lernen, wenn wir uns der »Sprünge« vom Besonderen zum Allgemeinen nicht bewusst sind.

Diese Sprünge resultieren daraus, dass jeder Mensch anders, selektiv, wahrnimmt. So werden zwar die so genannten sensorischen Daten, wie Ort oder Zeit gleich wahrgenommen, Gesichter oder das Verhalten von Menschen hingegen werden von jedem Einzelnen anders aufgefasst und interpretiert.

Dieses Phänomen hat Chris Argyris in Senges Buch mit den so genannten »Abstraktionsleitern« dargestellt. Sie zeigen das Vorgehen an, wie die »objektiv« gegebene Wirklichkeit erster Ordnung in eine »subjektiv« mental existente Wirklichkeit zweiter Ordnung transformiert wird:

Wie erkennen wir nun diese Abstraktionssprünge? – Indem wir

- uns fragen, auf welchen Daten diese Verallgemeinerung beruht,
- die Daten mit anschließender Thesenbildung analysieren,
- die Daten überprüfen.

Mithilfe der richtigen Fragetechnik (s. Gleichgewicht von Plädieren und Erkunden) kann eine Analyse der Thesen vorgenommen werden, die oft ein anderes Resultat ergeben.

Beispiel: Franz, der neue Kollege im Change-Management-Team, ist bislang ohne Erklärung zu zwei der drei Meetings zu spät gekommen. Beim *dritten* ist er gar nicht erschienen.

Abstraktionssprung:

- Franz ist gegen Change Management, weil er bei zwei Meetings zu spät gekommen ist, und beim *dritten* gar nicht erst anwesend war.
- These: Franz ist gegen Meetings.
- Überprüfung der Daten durch das Prinzip »Erkunden und Plädieren«.

Abstraktionsleiter als Ursprung der Mentalmodelle (vgl. Senge 1996b, S. 283)

Gleichgewicht von Erkunden und Plädieren

Beim ersten Schritt in unserer Überprüfungskette, dem **Erkunden,** geht es darum, ein besseres und ehrliches Verständnis für andere Ansichten und Meinungen sicherzustellen. Hilfreich ist dabei Folgendes:

- Stellen Sie offene, aber gesichtswahrende Fragen, und zeigen Sie echtes Interesse an den Antworten. Zum Beispiel: »Franz, ohne dich angreifen zu wollen, aber gibt es bei dir Probleme mit dem Change-Management-Workshop? ...«
- Geben Sie die Daten an, auf denen Ihre Annahmen beruhen (vgl. Senge 1999a, S. 245 f.). Zum Beispiel: »... weil du bereits zweimal zu spät gekommen bist und einmal unentschuldigt gefehlt hast ...«
- Wenn Sie Vermutungen über die Ansichten anderer anstellen, erklären Sie diese Annahmen und gestehen Sie ein, dass es sich um Annahmen handelt. Zum Beispiel: »... könnte man vermuten, dass dir die ganze Angelegenheit nicht wichtig erscheint ...«

Der zweite Schritt als logisches Pendant ist das **Plädieren:** Hierbei geht es darum, seine eigene Meinung darzulegen. Hilfreich dabei sind folgende Punkte:

- Machen Sie Ihre eigene Argumentation explizit deutlich.
- Sagen Sie ehrlich, wie Sie zu Ihrer Ansicht gelangt sind, und legen Sie die Daten offen, die diesem Urteil zugrunde liegen. Zum Beispiel: »... wegen deiner Unpünktlichkeit beziehungsweise deiner Abwesenheit frage ich mich, ob du wirklich bei der Sache bist und ob der Workshop dich interessiert?«
- Ermutigen Sie die anderen, Ihre Ansicht zu hinterfragen. Zum Beispiel: »... oder gibt es vielleicht andere Gründe für dein spätes Kommen?«
- Laden Sie andere dazu ein, abweichende Ansichten zu äußern. Zum Beispiel: »Franz, wie siehst du die Angelegenheit, tun wir dir Unrecht?«
- Erkunden Sie aktiv andere Ansichten, die von Ihrer eigenen abweichen. Werden noch andere Daten bei der Meinungsbildung berücksichtigt, die nicht in Betracht gezogen wurden? Zum Beispiel: Franz ist zugleich Projektleiter und mit einem elementaren Projekt betraut, dass das Fortbestehen des Unternehmens sichern soll und deshalb ungeheuer wichtig ist. Daher hat er wenig Zeit, versucht sich aber dennoch im Change-Management-Workshop einzubringen.

Ein ausgewogenes Verhältnis zwischen Plädieren und Erkunden stellt eine effektive und effiziente Zusammenarbeit zwischen den Beteiligten für das Change Management sicher.

Mit anderen Worten bedeutet das: »Hier ist meine Meinung und so bin ich dorthin gelangt. Was haltet ihr davon?« Dadurch kann in einem wertfreien Dialog das beste Argument herausgefiltert werden, anstatt die eigene Meinung »durchzuboxen«. Als unbedingte Voraussetzung für einen derart offenen Dialog gelten Ehrlichkeit, Offenheit und Vertrauen, da ansonsten niemand bereit ist, seine eigenen Fehler zuzugeben.

Erkennen von Unterschieden zwischen dem Verlautbarten und den praktizierten Mentalen Modellen (Verschwiegenes)

Wie im obigen Beispiel bereits angedeutet, liegt eine Übereinstimmung vielleicht nicht mit dem Verlautbarten, aber auf alle Fälle mit den Mentalen Modellen vor. Essenziell ist das Erkennen der Unterschiede zwischen den geäußerten und den praktizierten Theorien. Diese Lücke ist das kreative Potenzial zwischen Vision und Realität (s.S. 45 ff. »Personal Mastery«).

So ist eine Vision beispielsweise die positive Einstellung gegenüber Veränderungen, aber das Verhalten in der Praxis entspricht dieser Vision nicht. Das Problem liegt nicht in der Lücke, sondern in der fehlenden Bereitschaft, der Wahrheit über diese Lücke ins Gesicht zu sehen. Solange die Lücke zwischen einer verlautbarten Theorie und dem gegenwärtigen Verhalten nicht erkannt wird, kann nichts gelernt werden.

Also lauten die ersten Fragen, die man sich stellen muss, wenn man mit einer Lücke konfrontiert wird: »Ist mir die geäußerte Theorie wirklich wichtig?«, »Ist sie tatsächlich ein Teil meiner Vision?« Wenn kein echtes Engagement für diese Theorie vorliegt, dann repräsentiert die Lücke keine Spannung zwischen der Realität und einer Vision, sondern zwischen der Realität und einer Ansicht, die vielleicht nur geäußert wird, um einen guten Eindruck zu erwecken (vgl. Senge 1996a, S. 248). Um solche Lücken besser zu erkennen, ist es oft sehr hilfreich, wenn dann eine dritte Person beratend zur Seite steht.

Diese dritte Person kann ein professioneller Coach sein, vielleicht genügt es aber auch, dass Sie eine Kollegin oder einen Kollegen aus einer unbeteiligten Abteilung um Rat bitten.

Roadmap für die Überwindung von Widerständen

Um Widerstände erfolgreich überwinden zu können, müssen diese erst entdeckt werden. Daher ist der erste wichtige Schritt die Sensibilisierung für Gegenbewegungen:

Sensibilisierung für Widerstände

Das praktische Umsetzen wird mit gedanklichen Fragen begonnen, die gleichzeitig zum Denken einladen sollen. Der Workshop wird eröffnet mit folgenden einstimmenden Fragen:

- Wie erklären Sie sich, dass sich trotz oft großer Anstrengungen in etlichen Unternehmen so wenig Grundsätzliches ändert?
- Warum versanden viele gute Ideen in den Unternehmen und schlechte Ideen sind dagegen oft erfolgreich?
- Weshalb sind wirkliche Innovationen in den Unternehmen so schwer durchzusetzen und auf Krisen wird hektische Aktivität als Reaktion ausgelöst?
- Wie erklären Sie sich, dass Führungskräfte und Mitarbeiter in etlichen Unternehmen wie Gefangene unsichtbarer Kräfte sind?
- Warum produzieren Betroffene bei Veränderungen ein so hohes Maß an offener Zustimmung und verdeckter Ablehnung?

Nach der erfolgten Einstimmung auf das komplexe Thema der Widerstände kann mit der ersten aktiven Übung, dem Mauerbau, begonnen werden.

Der Mauerbau

Was sind jenseits der oben ausgeführten Liste konkrete Widerstände, welche der Realisierung von Visionen entgegenstehen? In einer ersten Kartenabfrage im Workshop werden die Teilnehmer aufgefordert, die persönliche Visions-Pinnwand durch mögliche Barrieren in Form von roten Karten (die schwere rote Ziegelsteine symbolisie-

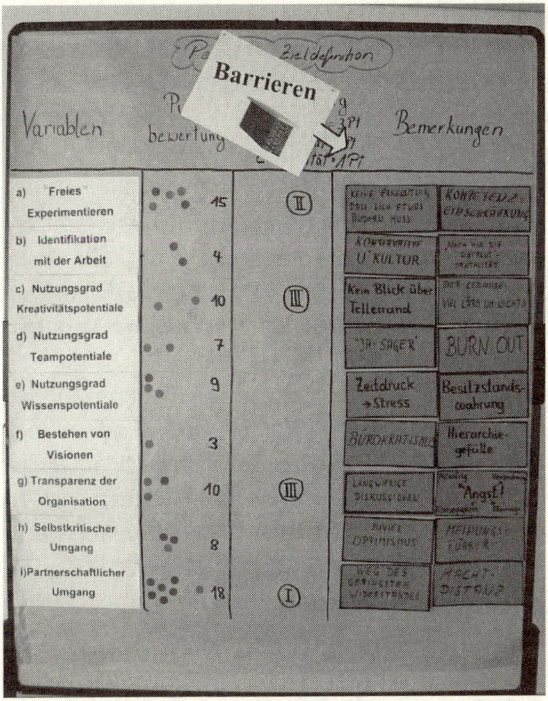

Barrieren

ren) »zuzumauern«. (Für diese Idee hat übrigens ein Liedtext der britischen Rockband *Pink Floyd* – »The Wall« 1979 – Pate gestanden.)

Ziegeltypen – persönliche Widerstände aus sozial-psychologischer Sicht

Die auf der Pinnwand dargestellten Widerstände sind nicht unabhängig zu sehen von den Menschen, die in der betreffenden Organisation arbeiten. Im Folgenden werden wir mittels eines Persönlichkeitsprofils eine Strukturierung ableiten, welche die Widerstände zunächst an die Psychologie der beteiligten Akteure anbindet. Darauf aufbauend werden wir die Widerstands-Pinnwand umsortieren, und die roten Karten in eine Landkarte der persönlichen Widerstände einbeziehen (s. Abbildung »Persönliche Widerstände«, S. 72).

Das Leonard-Profil: Eine der modernsten, umfassendsten und konsequentesten Formen zur persönlichen Widerstandsanalyse, die mehrere allgemeine Ansätze in praktischer Hinsicht miteinander verbindet, ist die Leonard-Persönlichkeits-Inventur (LPI). Sie unterscheidet fünf Grundkategorien menschlichen Verhaltens, Erlebens und Fühlens (vgl. Yong 1999).

Dieses Profil beruht auf der Tradition von Golemans Konzept der »Emotionalen Intelligenz« (EQ). Dabei werden über die Oberfläche des klar sichtbaren Verhaltens einer Person hinaus die inneren Ebenen der »Psyche« und »Soma« (unser sehr privates Wertesystem) untersucht (vgl. Konrad/Hendl 1997).

Die sieben Anfangsbuchstaben des Tests stehen nicht nur für den Namen ihres ursprünglichen Autors, Leonard Yong, sondern auch für ihre Inhalte. Die folgende Übersicht zeigt, dass sich hinter den Stärken (die produktiv für Change Management genutzt werden können), gleichzeitig Schwächen befinden. Diese könnten nicht oder nur schwer durch die rein sozial-psychologischen Hintergründe der oben abgeleiteten Widerstände reflektiert werden.

INFO

Verhaltenstypologie nach Leonard		
L asse uns **E rforschen**	**Stärken der Person im Change-Management-Team**	**Mögliche Schwächen der Person im Change-Management-Team**
O ffenheit	Ist kreativ und offen für neue Experimente.	Sucht zu viel nach neuen Ansätzen.
N eutralität	Kann als guter Zuhörer angesehen werden.	Stimmt zu viel zu.
A nalytische Fähigkeiten	Ist genau und präzise.	Hinterfragt zu viel.
R elationalität Beziehungs-orientierung	Genießt es, Menschen zu treffen.	Redet zu viel.
D ecisiveness Entscheidungs-orientierung	Sieht sich als Risiko- und Entscheidungsträger.	Lenkt zu viel.

Profilierungsergebnisse: Die Profilanalyse der einzelnen Mitglieder des Change-Management-Teams wird im Kapitel »Teamlernen« (s.S. 89 ff.)durchgeführt. Um die subjektiven Widerstände der Menschen aber bereits an dieser Stelle besser verstehen zu können, wird ein Teil der Analyse vorgezogen. Ein auf der Basis einer fünfgliedrigen Skala basierender Fragebogen wird an die einzelnenTeilnehmer verteilt. Diese nehmen eine Selbsteinschätzung vor, indem sie 100 Statements beurteilen und je nach ihrer Einschätzung zwischen »1« (stimme überhaupt nicht zu) bis zu »5« (stimme voll zu) ankreuzen. Die Teilnehmer erhalten dafür 20 Minuten Zeit.

Nach diesen 20 Minuten Selbstbewertung durch die Teilnehmer können die relevanten Testergebnisse aufgrund einer Vorlage durch einen jeweils selbst gefertigten Chart präsentiert werden:

Drei Beispiele für Persönlichkeitsprofile

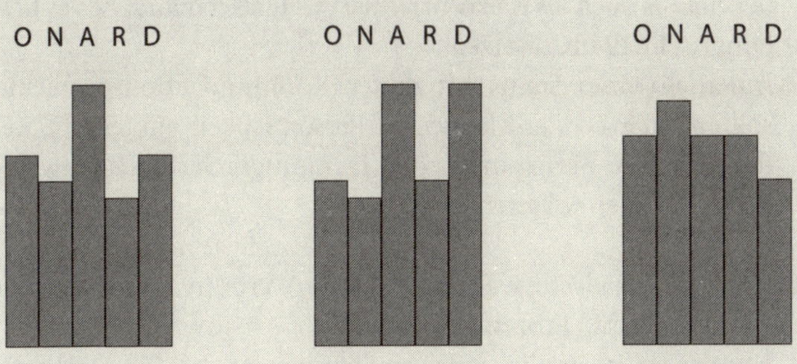

Person1: A hoch, R niedrig

Person 2: A und D hoch

Person 3: Vier Kategorien hoch

Der oben beschriebene Fragebogen ist rechtlich geschützt und kann daher in diesem Buch nicht abgelichtet werden. Nähere Informationen zur Leonard-Profilanalyse können Sie der offiziellen Internetseite »http:// www.leonard.com.my« entnehmen.

INFO

In diesen drei Fällen haben wir es mit sehr unterschiedlichen, zum Teil entgegengesetzten Persönlichkeiten zu tun:

Person 1 »der Experte«: Hohes A (über 80 Prozent) und entsprechend geringes R:

+ Andere könnten diese Person als einen Analytiker betrachten (z.B. während einer Projektarbeit, wenn Einzelarbeit mit genauen Ergebnissen erforderlich ist).
– Andererseits könnte die Person aber auch als kleinkariert angesehen werden, als jemand, der manchmal zu detailgenau auf die Dinge sieht.

Diese Person verbringt viel Zeit mit den Aufgaben, und weniger Zeit mit den betroffenen Menschen.

Person 2 »die Führungskraft«: Hohe Werte von A und D über 80 Prozent:

+ Diese Person ist ebenso ein guter Analytiker, erscheint aber darüber hinaus auch als risiko-orientiert und als jemand, der es liebt, Dinge schnell umzusetzen.
– Innerhalb eines Teams mit akuten Kommunikationsproblemen sollten nach Leonard keine AD-Persönlichkeit ausgesucht werden, falls die Beziehungen der Teammitglieder nachhaltig verbessert werden sollten (Priorität A).

Person 3 »die vielseitige Person«: Hohe Werte in mindestens vier Kategorien über 80 Prozent:

+ Er oder sie ist implizit oder explizit bekannt als eine vielseitige Person, welche sehr unterschiedliche Jobs annehmen kann (ideal für Jobrotation im Change-Management-Team).
– Er oder sie könnte aber auch als ein »Mädchen für alles« angesehen werden, der jegliche Arbeit zugeschustert wird (Gefahr des »Burn out«). Er oder sie könnte möglicherweise eine Person sein, die sich beim Ausfüllen absichtlich oder unabsichtlich mit hohen Werten in allen vier oder fünf Kategorien betrügt – ein Bild, das sicherlich nicht von anderen geteilt wird.

Zusammengefasst generiert die detaillierte und umfassende webbasierte Computeranalyse (vgl. www.leonard.com) von zirka sechs Seiten maßgeschneiderte Einsichten in Bezug auf die folgenden Aspekte.

Stärken und Schwächen

- Wie die Emotionale Intelligenz der Person gefördert werden kann.
- Wie die Person Kreativität ausdrücken und sie verbessern kann.
- Wie die Person der eigenen Organisation helfen kann.
- Wie die Person die eigene Führungsrolle verbessern kann.
- Wie die Person mit zwischenmenschlichen Beziehungen besser umgehen kann (verbessern von Konfliktstrategien).
- Wie die Person Stress besser bewältigen und geeignete Lerntechniken anwenden kann.

Verglichen mit anderen Persönlichkeitsprofilen bietet das Leonard-Profil folgende Vorteile:

- Es zeigt sowohl positive als auch negative Aspekte der menschlichen Persönlichkeit auf. Durch den Umstand, dass sowohl Stärken als auch Schwächen angesprochen werden, verliert niemand das Gesicht.
- Das Testverfahren ist sehr einfach. Durch ein unmittelbares Feedback kann jeder Teilnehmer sofort praktische Tools zur persönlichen Selbstentwicklung ableiten – wissenschaftlich begründete Hilfe zur Selbsthilfe (vgl. »Die Ampelmethode« in Wagner/Rex 2001, S. 56ff.).
- Das Profil unterscheidet fünf einfache, aber umfassende Grundtypen von Persönlichkeiten. Durch die Korrelation der fünf Grundtypen kann ein individuelles Persönlichkeitskontinuum grafisch dargestellt werden.

Gleichartige Ziegeltypen

Wie eingangs erwähnt, werden nun die Artverwandtschaften zwischen den Ziegelsteinen (sprich: Barrieren) gefunden und diese mithilfe der Teilnehmer auf einer weiteren Pinnwand nach Leonard sortiert (»Cluster«-Verfahren):

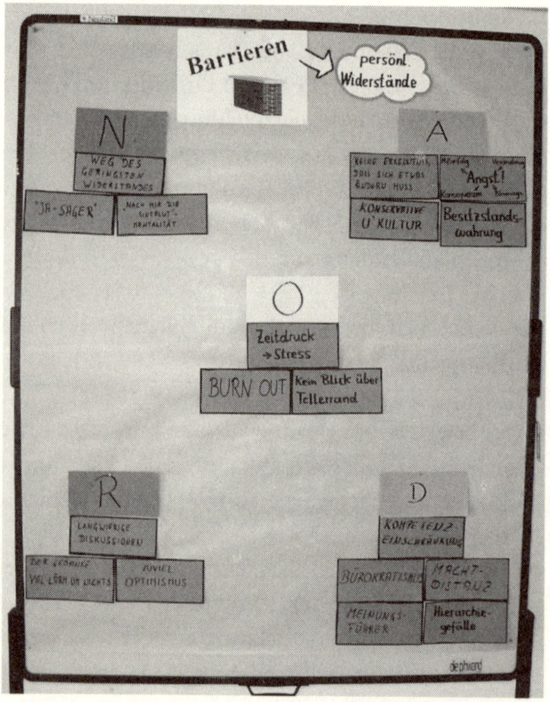

Persönliche Widerstände

Es kann sein, dass Widerstände stärker aus einigen Bereichen kommen und aus anderen gar nicht. Beispielsweise kann in einer sehr bürokratischen Organisation der Bereich »A«nalytic überrepräsentiert sein, während beim Change Management in einem Software-Entwicklungshaus der Bereich »O«ffenheit sehr starke Widerstandspotenziale birgt. Auch das entgegengesetzte Ergebnis einer ungefähren Gleichverteilung der fünf Bereiche, wie wir es selbst in unserem eigenen Workshop erarbeitet haben, ist denkbar.

Der Mauerfall

Nach der Klassifizierung der Widerstände werden diese im Team reflektiert und so an deren Überwindung gearbeitet. Um sie zusätzlich nutzen zu können, sind folgende Grundsätze von Bedeutung:

- **Es gibt keine Veränderung ohne Widerstand:** Wenn es bei einem Veränderungsprozess keinen Widerstand gibt, dann ist etwas nicht in Ordnung. Denn Widerstand ist normal, wenn man sich mit neuen Gegebenheiten befasst. Wenn der Widerstand fehlt, identifizieren und beschäftigen sich die Beteiligten nicht mit den Veränderungen, sondern nehmen diese nur hin.
- **Widerstand enthält immer eine verschlüsselte Botschaft:** Wenn Menschen sich gegen etwas Sinnvolles oder sogar Notwendiges sträuben, haben sie Bedenken, Befürchtungen oder auch Angst. Sie fragen sich: »Warum und wozu das Ganze?«, »Kann ich das?«, »Will ich das?« – Die Ursachen für Widerstand liegen im emotionalen Bereich!
- **Nichtbeachtung von Widerstand führt zu Blockaden:** Widerstand zeigt meistens an, dass die Voraussetzungen für ein reibungsloses Vorgehen im geplanten Sinne nicht oder noch nicht gegeben sind. Verstärkter Druck führt lediglich zu verstärktem Gegendruck. Daher am besten eine Denkpause einlegen und fragen: »Was ist für die Betroffenen besonders wichtig?« Ihre Bedürfnisse und Wünsche müssen unbedingt berücksichtigt werden.
- **Mit dem Widerstand, nicht gegen ihn gehen:** Die unterschwellige emotionale Energie muss aufgenommen, also zunächst ernst genommen, und sinnvoll kanalisiert werden. Daraus ergibt sich: Druck wegnehmen (dem Widerstand Raum geben); Antennen ausfahren (in Dialog treten, Ursachen erforschen); gemeinsame Absprachen treffen (Vorgehen neu und gemeinsam festlegen).

Auf den konkreten Einsatz der Persönlichkeiten des Change-Management-Teams, um Widerstände zu nutzen, wird im Kapitel »Teamlernen« eingegangen. Darin werden nähere Ausführungen zur praktischen Umsetzung erläutert.

Gemeinsame Visionen – gemeinsame Widerstände

Nach Schätzung des Münchner Unternehmensberaters Paul Maisberger scheiterten in Deutschland der 1990er-Jahre 80 Prozent aller Reengineering-Prozesse. Dies ergab eine Studie der DEKRA-Akademie, bei der 187 Firmen befragt und Faktoren analysiert wurden, die in einer komplexen Umwelt zur Entwicklung einer Lernenden Organisation beitragen. Die Bedeutung traditioneller ökonomischer Faktoren wie »Wirtschaftliche Situation« oder »Marktsituation des Unternehmens« waren aus der Sicht der Praktiker abgeschlagen, während drei so genannte »weiche« Faktoren hervorstachen:

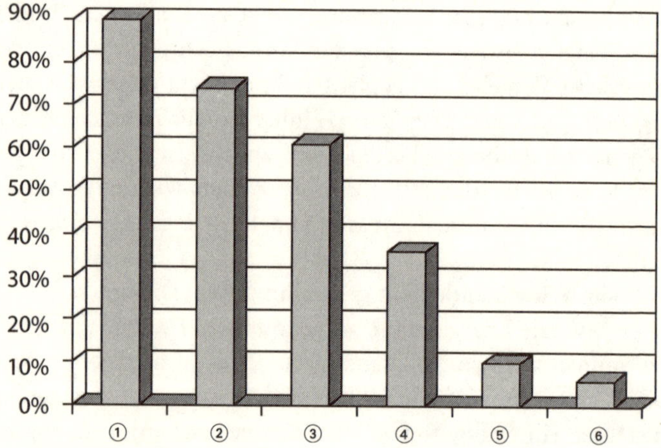

① = *Aktive Veränderungsbereitschaft der Mitarbeiter*
② = *Transparenz der Strukturen*
③ = *Motivation der Mitarbeiter*
④ = *Wirtschaftliche Situation des Unternehmens*
⑤ = *Unternehmensumwelt*
⑥ = *Marktposition des Unternehmens*

Was fördert die Entwicklung zu einem lernenden Unternehmen? (vgl. Littig 1996, S. 50f.)

»Aktive Veränderungsbereitschaft«, »Transparenz« sowie »Motivation« wurden als die drei Top-Faktoren für ein erfolgreiches Change Management herausgefunden. Aber wie konkret können diese drei Faktoren, die im Übrigen eng zusammenhängen, nun im Rahmen des Change-Management-Prozesses gefördert werden? Eine Antwort darauf können wir der nächsten Etappe unseres fünfstufigen Fahrplans entnehmen.

Denn über den Weg der persönlichen Visionen und Widerstände sind wir nun bei den **gemeinsamen Visionen** angelangt, die nach Peter M. Senge die Nahtstelle zwischen Individuum und Organisation darstellt.

Dieser Abschnitt ist der Gradmesser, an dem der Leser überprüfen kann, inwieweit die drei »weichen« Top-Faktoren der DEKRA-Akademie als Voraussetzung für den ökonomischen Wandel in der Praxis verbessert werden können. Bevor wir zur Anwendung kommen, lassen wir kurz einen Blick auf die Zusammenhänge zwischen diesen drei Faktoren zu.

Von der Transparenz zur Motivation der Veränderungsbereitschaft: die 4i-Treppe

Von entscheidender Bedeutung für den Unternehmenserfolg im Rahmen des Change Managements ist nur eines: Es gilt, im Sinne des kooperativen Ansatzes von Lewin eine gemeinsame Zukunftsvision zu schaffen, diese mit Leben zu füllen und aufrechtzuerhalten. Menschen werden dann durch ein allen transparentes Gefühl von gemeinsamer Bestimmung zusammengehalten. Erst auf der Grundlage dieses Gefühls werden die Mitarbeiter im Sinne ihres Unternehmens aktiv für Veränderungen motiviert. Zunächst noch oberflächlich gesehen entspringt dieser Prozess der so genannten 4i-Treppe. Nur wer informiert und auf diese Weise integriert ist, identifiziert sich mit dem Unternehmen und wird aus Eigeninitiative heraus Veränderungsprozesse anstoßen, die ihm individuell als wichtig erscheinen. Die daraus entstehende spezifische Motivation bezeichnen wir im Alltag und in der Wirtschaftspsychologie als »Veränderungsbereitschaft«. Diese ist innerhalb und zwischen hierarchischen Strukturen das Resultat aus dem – sozial-psychologisch fundierten – Lernkreis des M.I.T. (Massachusetts Institute of Technology), den Sie auf der nächsten Seite sehen können.

Die 4i-Treppe

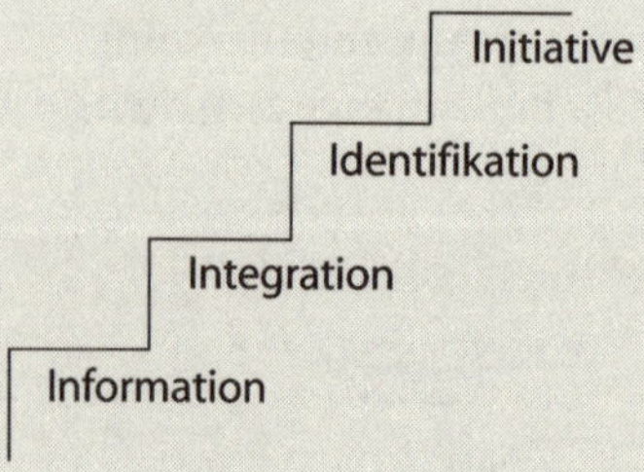

(vgl. Kirchhoff 1982, S. 20)

Die meiste Zeit – 95 bis 100 Prozent – arbeiten Menschen im Unternehmen entsprechend ihres Arbeitsvertrags und ihrer Stellenbeschreibung in festgelegten Organisationsstrukturen (3). Dafür sind sie eingestellt, dafür schuldet ihnen das Unternehmen das Entgelt. Nur manche von ihnen nehmen sich auch neben den vorgeschriebenen Aufgaben noch etwas Zeit für die gemeinsame Reflexion des Lernprozesses (4).

Beginnen wir jedoch den individuellen, und im Anschluss daran den organisationalen Lernkreis mit der Schaffung eines gemeinsa-

INFO

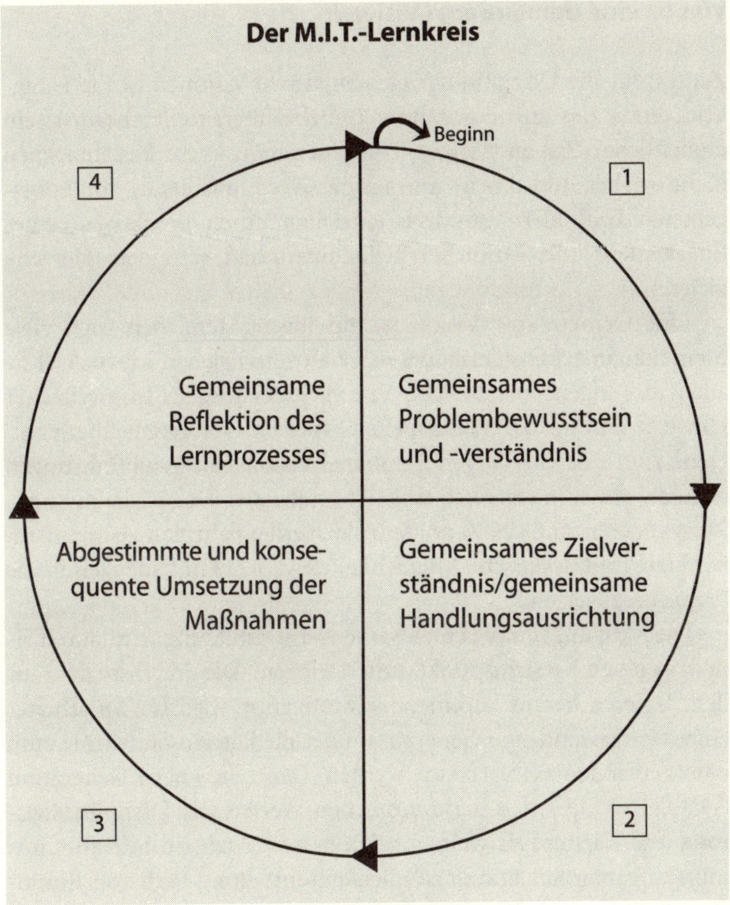

men Problembewusstseins als psychologischer Handlungsrahmen (1), dann sind wir schließlich bei der Schwelle zu dem, was Senge als Gemeinsame Visionen bezeichnet. Diese werden auf der Basis persönlicher Visionen und unter Reflexion der Widerstände im Change-Management-Workshop erarbeitet, um später in der Zielvereinbarung (2) selbst Gegenstand der Arbeit (3) zu werden und abschließend der Reflexion (4) zu dienen. Dieser Weg ist im Change-Management-Projekt zu gehen, und er beginnt für das Team bei der Gemeinsamen Vision.

Was ist eine Gemeinsame Vision?

Zentral für die Disziplin der Gemeinsamen Visionen ist die Fähigkeit, durch das zuvor genannte gemeinsame Problembewusstsein einheitliche »Zukunftsbilder« zu generieren. Diese basieren eben nicht wie bei »top-down« nur auf passiver Einwilligung von vorgegebenen Leitbildern, sondern entstehen durch proaktives echtes Engagement und wirklicher Teilnehmerschaft »aus dem Herzen« vieler.

Eine Gemeinsame Vision ist ein Ideensystem, dem sich viele Menschen in der Organisation wahrhaft verschrieben haben, weil sie auch ihre eigene persönliche Vision widerspiegelt. In zweifacher Hinsicht sind sie den traditionellen Visionen »von oben« überlegen. Denn zum einen bestätigen die Shared Visions unseren Erfahrungen nach die ohnehin von oben eingeschlagene Richtung in die Zukunft. Zum anderen sind sie, wenn dem skizzierten Fahrplan gefolgt wird, konkrete und praktische Möglichkeiten, das Zukunftsdenken in die Praxis umzusetzen.

Die Aktualität einer gemeinsamen Visionsbildung wird durch einen weiteren Gesichtspunkt unterstrichen: Die intrinsische »aus dem Inneren heraus kommende« Motivation wird für Mitarbeiter einer wertgewandelten Generation über die Jahrtausendwende zum entscheidenden Erfolgsfaktor werden. Denn die »neue Generation @« folgt weniger den herkömmlichen Werten wie Disziplin, Leistung und Karriere als vielmehr den neuen Maximen Selbstbestimmung, Teamarbeit und Persönlichkeitsentfaltung (vgl. von Rosenstiel 2001, S. 116). Daher ist es in einem modernen Unternehmen wichtiger denn je, eine echte Teilnehmerschaft an der Vision, begründet durch intrinsische Motivation, zu generieren. Durch das Kreieren und Partizipieren an den Inhalten einer gemeinsamen (!) Vision wird ein Sinn der Arbeit vermittelt. Der auf kurzfristigen Gewinn orientierte Shareholder-Value-Ansatz wird durch ehrliches Engagement der eigenen Kernkompetenzen für eine bessere (Arbeits-)Welt angereichert.

Die Gemeinsame Vision als Transmissionsriemen zwischen Individuum und Team soll somit Schnittstelle sein und Energie für die Lernende Organisation liefern.

Wie wenig verbreitet ein echtes Engagement für eine von oben verordnete Vision ist, zeigt Peter M. Senge in seinem Buch »Die fünfte Disziplin« (1996a, S. 267) auf. 90 Prozent der Befragten nehmen die offizielle Vision demnach nur ab und lediglich 10 Prozent zeigen echtes Engagement. Um das ehrliche, vom Herzen kommende Engagement in Bezug auf die Zukunft geht es im Grunde auch, wenn vom vielgepredigten Mitunternehmertum der Mitarbeiter die Rede ist.

Die Dynamik von Visionen

Im Gegensatz zu den offiziellen, oft ungelebten Visionen, breiten sich die von uns favorisierten Gemeinsamen Visionen durch einen gruppendynamisch gelenkten Verstärkungsprozess aus, in dem Klarheit, Begeisterung und Engagement für die zukünftige Zusammenarbeit stetig anwachsen.

In diesem Prozess spielt Kommunikation die entscheidende Rolle. Dabei gilt, bevor wir diese Ausführungen in die praktische Anleitung einmünden lassen, ein gedanklich psychologischer Dreischritt, bildlich unterstützt durch die nebenstehende Abbildung »Der ideale Kreislauf«: Je mehr den Teilnehmern die Möglichkeit gegeben wird, über die Vision zu reden und sie transparent für alle schriftlich zu fixieren, desto klarer wird sie. Je klarer sie wird, desto mehr wächst die Begeisterung für ihre Vorteile. Die Vision verbreitet sich Stück für Stück durch eine Verstärkungsspirale von Kommunikation, Transparenz und Begeisterung.

Der »ideale Kreislauf«

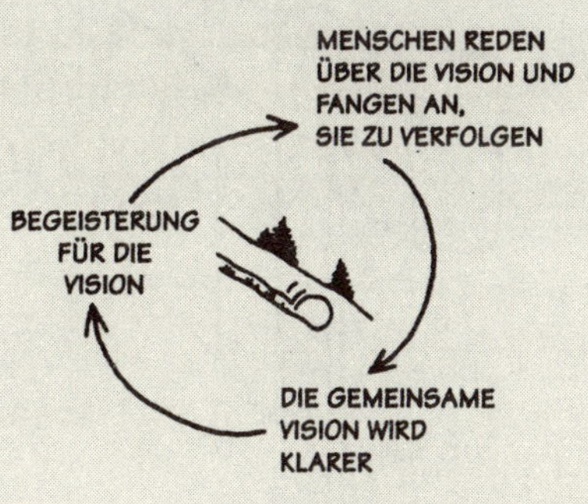

(Senge 1996a, S. 277)

Organisationale Widerstände

Parallel zu den persönlichen Barrieren des Kapitels »Mentale Modelle« (s.S. 55 ff.) müssen wir nun auch solche analysieren und nutzen, die jenseits der individuellen Lebenserfahrung in der Gruppendynamik oder in der Organisationsstruktur des Unternehmens begründet liegen. Diese, sehr verwandt mit den Kategorien von Leonard beziehungsweise Riemann, sind die Folgen von individuellem Handeln, kursieren aber unter dem Begriff »unbeabsichtigte Handlungsfolgen« in Bezug auf nicht stattfindenden Wandel (wir entnehmen diese einem Vortrag der Organisationsberaterin und Psychologin Eva Strasser zu »Change Management«, 1996). Eingeteilt werden diese in sechs Lernschranken:

- **Lernschranke 1 – Vergangenheitsorientierung (Mangel an Offenheit):** Typischerweise werden Erfahrungen aus der Vergangenheit bei Change-Management-Projekten in die Zukunft fortgeschrieben.
  Beispiel: Die Norm eines eingeführten Qualitätssicherungssystems wie DIN ISO 9000f. kann zu einem vermeintlich ständigen Garant einwandfreier Qualitätsarbeit degenerieren – ohne die praktischen Erfahrungen mit diesem System zu reflektieren.

- **Lernschranke 2 – Praxisferne der Führung (Mangel an Neutralität):** In den meisten Unternehmen wird das Prinzip des »management by wandering around«, wie es beispielsweise bei den Firmen Gore oder Kobjoll zur Anwendung kommt, noch nicht beherzigt. Die Führung ist in der Regel mit anderen Problemen beschäftigt, als ihr Ohr systematisch über Befragungen und Workshops zwischen den Hierarchien an den Puls der Zeit zu legen. Somit ist es ihr nicht möglich, die Botschaften aus der Basis zu hören.
- **Lernschranke 3 – Lückenhafte Reflexionsbereitschaft (Mangel an Analytik):** Als eine Folge von Lernschranke 2 werden die Analysen, die zur adäquaten Planung des notwendigen Wandels angestellt werden müssten, nie unternommen!
  Beispiel: Mitarbeiterbefragungen zu langfristig geplanten Fusionen werden erst im Nachhinein, oder – so eher die Regel – überhaupt nicht vorgenommen.
- **Lernschranke 4 – Kommunikationsinsuffizienz (Mangel an Relationalität, Beziehungsorientierung):** Eine traditionelle Organisation oder Gruppennorm sieht gar nicht vor, dass über den Dienstweg hinaus Kommunikation betrieben werden sollte. Da dies kein Bestandteil der Stellenbeschreibung oder des Funktionsplanes ist, wird die Notwendigkeit, mit anderen über Change Management zu sprechen, zwar prinzipiell wahrgenommen, führt jedoch zu keinem ausreichenden Leidensdruck, der zu außertourlichen Treffen in informeller Runde führen würde.
- **Lernschranke 5 – Überdosis an Entscheidungsorientierung, Decisiveness beziehungsweise falsch verstandenes D:** Noch drastischer, verursacht durch Lernschranke 4, ist die in etlichen Betrieben zum Teil sicher nicht unbegründete Ansicht, dass »Leute, die offen ihre Meinung gegen die offizielle Politik vertreten, Nachteile zu befürchten haben«. Gerade die Äußerung abweichender Meinungen im Wege einer produktiv provokativen Haltung ist aber unter Umständen der Garant für den erfolgreichen Fortschritt (vgl. Höfner 2002, S. 38–41). Der Dialog zwischen verschiedenen Hierarchien muss im Rahmen einer dauerhaften Feedback-Kultur sogar permanent geführt werden (vgl. Useem 2002, S. 34–35).

- **Lernschranke 6 – Die heimlichen Spielregeln:** Generell lässt sich in Zusammenfassung der ersten fünf Lernschranken zeigen, dass konservative Tendenzen in all diesen Bereichen aus formellen Gründen vorhanden sind. Jeder hält sich daran, weil sie als institutionelle Verhaltensnormen »nun mal da« sind.
  Eine heimliche Spielregel achtet darauf, dass gewisse Themen nicht virulent werden, obwohl etliche Teile der Organisation sich bewusst sind, dass sich diese kontraproduktiv auswirken.
  Beispiel: Produktionsaufträge werden oftmals gezielt um einige Wochen zurückgehalten, um den Kunden volle Auftragsbücher zu suggerieren.
  Aber auch bei Betriebsfeiern gilt oft als heimliche Regel, dass keiner die Veranstaltung verlassen darf, bis der Chef nicht an jedem Tisch mit den Mitarbeitern angestoßen hat, dauere es wie lange es wolle.

In der Reflexion der Widerstände zeigt Peter Senge (1996a, S. 253) ein Beispiel aus der Praxis auf, in dem die gemeinsame Vision erfolgreich umgesetzt wurde:

> AT&T, die renommierte amerikanische Telefongesellschaft, entwickelte einen allgemeinen Telefonservice für jedermann auf der Basis einer gemeinsamen operationalisierten Vision. Diese Vision bestand darin, es jeder Person zu ermöglichen, seine Kommunikation zu verbessern. Erfolgsfaktor für das Umsetzen der Detailplanung war, dass die Vision auf allen Organisationsstufen geteilt wurde, dies bündelte die Energien Tausender und stellte eine gemeinsame Identität (cooperate identity) unterschiedlicher Hierarchien her.

Gemeinsame Visionen – Fahrplan erarbeiten

Die wichtigste Vorbemerkung zu diesem Punkt richtet sich auf den Einsatz von Medien zur Generierung von Shared Visions: Bitte verzichten Sie bei der praktischen Umsetzung weitgehend auf den Einsatz elektronischer Medien, da Change Management so real, einfach und praxisnah wie möglich stattfinden soll. E-Mails und Chats sind zur Vor- und Nachbereitung sowie zum Verbessern der Change-Management-Ergebnisse hilfreich, aber sie eignen sich nicht bei der Durchführung (vgl. Bernecker 2003, S. 14–20).

Folgendes Vorgehen, beschrieben von Ross, Roberts und Smith, lässt sich zur Generierung von gemeinsamen Visionen nutzbringend anwenden (vgl. Senge 1996b, S. 60ff.):

Zwei Subteams bilden: Visionäre und Realisten als Partner der Gemeinsamen Vision

Aus dem gesamten Change-Management-Team werden zwei Teilgruppen gebildet, die sich in gleicher Kopfzahl von idealerweise fünf bis sieben Teilnehmern aus psychologisch gesehen zwei diametral entgegengesetzten Personenkreisen zusammensetzen sollten:

INFO

Erstes Team: Teilnehmer, die von der Verbesserungsfähigkeit der Organisation besonders überzeugt sind, werden als Mitglieder im ersten Team nominiert. Diesen Personen wird aufgetragen, vielleicht in Anlehnung an ihre eigene LEONARD-Persönlichkeitsstruktur (Stichwort: hohes »O« und »R«), spielerisch in der folgenden Teamarbeit eine eher optimistische Denkweise an den Tag zu legen. Wir bezeichnen dieses Subteam als **»Visionäre«**. Ihre Aufgabe wird sein, in einer Langfristperspektive von zehn Jahren eine Gemeinsame Vision für das Unternehmen oder den Betrieb zu erarbeiten und Handlungen aufzulisten, welche auf dem Weg zu diesem Ziel nötig sind.

Zweites Team: Teilnehmer, die im Team weniger »optimistische«, als vielmehr realistische Positionen in Bezug auf die Zukunftsvisionen erarbeiten sollen, werden ins zweite Subteam delegiert. Das sind Menschen, die nicht unbedingt von der Verbesserungsfähigkeit der Organisation überzeugt sind (nach LEONARD vielleicht eher »A«- in Kombination mit »D«-Typen), und glauben, »Kraft ihres Amtes« unweigerlich in eine Lernende Organisation verwickelt zu sein. Die Aufgabe dieses Teams der **»Realisten«** besteht darin, die eher »finstere« Realität mit den gegenwärtigen Barrieren im Auge zu haben, und einen Katalog notwendiger Änderungen in einer Langfristperspektive von zehn Jahren zusammenzustellen. Sie werfen ein Augenmerk sowohl auf persönliche als auch auf organisationale Widerstände.

Neben dem spielerisch abgefragten psychologischen Anforderungsprofil zum Beispiel nach LEONARD sollen beide Teams nach Peter Senge idealerweise einen vertikalen Ausschnitt der Gesamtorganisation widerspiegeln, um möglichst viele Perspektiven einzufangen und die Partizipation aller betrieblichen Hierarchieebenen zu ermöglichen. Dies gäbe – ganz im Sinne des Lernkreises – den Mitgliedern die Möglichkeit, »zur selben Musik zu tanzen, zumindest eine Runde lang« (s. Senge 1996b, S. 60).

Selbstverständlich ist die persönliche Homogenitäts- und die hierarchische Heterogenitätsforderung an die Zusammensetzung der Teams in der Praxis nicht immer genau zu realisieren. Obwohl sich das obere Management manches Mal zur Teilnahme selbst ankündigt, treffen wir – aufgrund der oben angeführten organisationalen Widerstände – in Workshops meist auf das mittlere Management sowie vereinzelte Mitarbeiter von der Basis.

Fehlen aber die eigentlichen Entscheidungsträger, die dieses Projekt vielleicht ganz im Sinne des kooperativen Wandels nach Lewin bewusst »nach unten« angestoßen haben, dann sind die Erfolgsaussichten des Gesamtprojekts ziemlich gering. Können die Entscheidungsträger nämlich nicht nachvollziehen, warum eine bestimmte Vision und ihre Konsequenzen für das betriebliche Handeln erarbeitet wurde, werden sie allen erarbeiteten Konzeptionen skeptisch gegenüberstehen.

Ist das Top-Management jedoch zugegen, ist eine der wichtigsten Weichenstellungen und Vorbedingungen für ein erfolgreiches Change-Management-Projekt realisiert: Ressourcen werden bereitgestellt und regelmäßig erfolgt die Unterstützung bei der Umsetzung. Natürlich nur, sofern der weitere Fahrplan eingehalten wird und zugleich für die Change-Management-Workshops die Hierarchie möglichst vor der Tür bleibt, um einen wirklich offenen Dialog stattfinden lassen zu können.

Dieses Vorgehen funktioniert natürlich auch bei mehr als fünf bis sieben Personen je Teilteam. In diesen Fällen sind aber bereits Abstriche an die Motivation aller Teilnehmer zu machen, weil die Teams zu groß werden. Hier ist es besser, die Teams weiter aufzuteilen.

Divergierendes Denken

Beide Teams ziehen sich nach der Teambildung für 45 Minuten zurück, ausgerüstet mit Moderationsmaterial (Pinnwand und Stifte) sowie den Ergebnissen aus den beiden ersten Schritten: Die Visionäre übernehmen die persönlichen Visionen, die Realisten entsprechend die Widerstände. Nun werden beide Teams im Wege einer führerlosen Gruppendiskussion aufgefordert, für den Zeitrahmen der nächsten fünf Geschäftsjahre unterschiedliche Fragen zu behandeln.

Visionäre:

- Was wäre in einer zukünftigen Lernenden Organisation anders? Was hätten wir, was wir jetzt nicht haben?
- Welche Maßnahmen können wir in unserer jetzigen Organisation ergreifen, um diese Visionen zu verwirklichen?

Realisten:

- Welche Barrieren und Hindernisse stehen unserer gemeinsamen Wahrnehmung einer Lernenden Organisation im Weg?
- Was würden wir demzufolge gerne ändern oder abschaffen? Was soll über Bord geworfen werden?

Die Teams können sich entweder aus dem Fundus der persönlichen Visionen und der Widerstände bedienen, oder aber nach dem Prinzip der »Tabula rasa« eigene Ideen kreieren. Bei der 45-minütigen Diskussion werden im Schneeballsystem sicherlich neue Aspekte entwickelt werden, die in den Überlegungen zur persönlichen Vision und zu den Widerständen noch keine Rolle gespielt haben. Natürlich haben diese genauso ihre Daseinsberechtigung im weiteren Workshop.

»Halbzeit«

Nach Ablauf der angekündigten 45 Minuten wird im Plenum der Gesamtzusammenhang auf zwei kreativ frei gestaltbaren Pinnwänden präsentiert (s. S. 86f.).

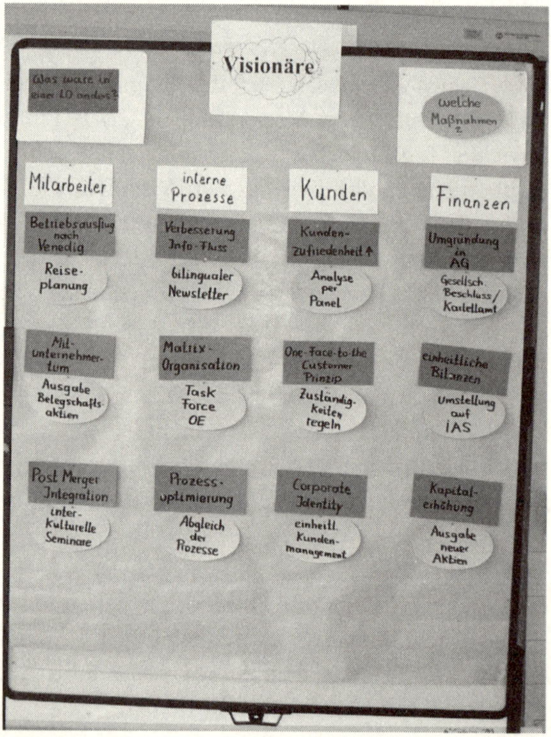

Visionsbildung der Visionäre

Nach einer gegenseitigen Frage- und Antwortrunde können sich interessante neue Ansätze ergeben, die der Moderator auf den bestehenden Pinnwänden fortschreibt oder auf leeren Flipcharts neu skizziert. Wichtig ist in diesem Abschnitt die volle Konzentration der Teilnehmer, da die erarbeiteten Ergebnisse später mit vertauschten Rollen weiter bearbeitet werden sollen.

Seitenwechsel

Die nächste Aufgabe in der Subteam-Arbeit besteht darin, die beiden Pinnwände in eine vorzubereitende Liste mit den jeweiligen »Top 5« einzutragen. Diese werden widergespiegelt durch fünf konkrete Aspekte, die auf einem Flipchart darüber Auskunft geben, was innerhalb von einem Jahr umgesetzt werden kann. Dabei hat sich in

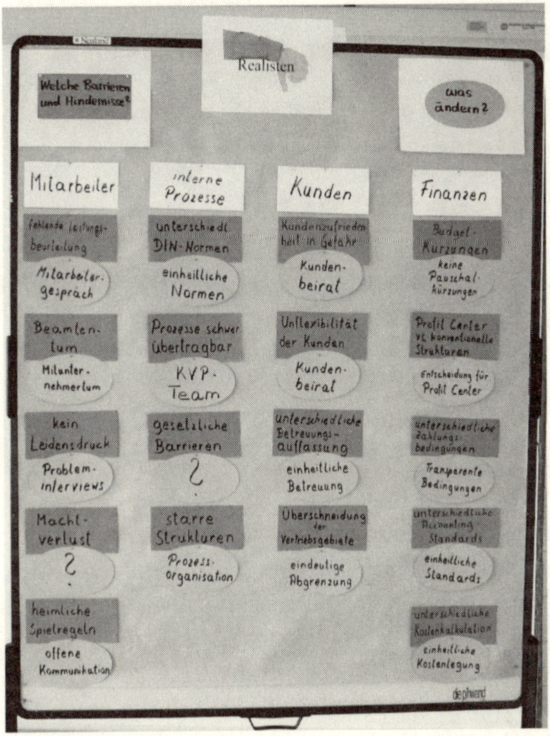

Barrieren und Veränderungsoptionen der Realisten

der Praxis Job-Rotation zwischen den ehemaligen »Realisten« und den »Visionären« bewährt: die »Realisten« spinnen in einer weiteren Subteam-Übung von ungefähr 20 Minuten die Ergebnisse der »Visionäre« zum Fünferkatalog weiter und umgekehrt. Die Teilnehmer werden aufgefordert, auf Flipcharts die Top 5 für alle zu visualisieren. Dabei soll von einem Protokollanten konkret auch »das Kleingedruckte« mit notiert werden, um zu wissen, was sich genau dahinter verbirgt, damit später die mögliche Implementation besser klappt.

Endstand und Resultat

Nach dem zweiten Wiedereintreffen der Subteams im Plenum werden nun die Flipcharts, die später Bestandteil des Fotoprotokolls werden sollten, präsentiert und diskutiert.

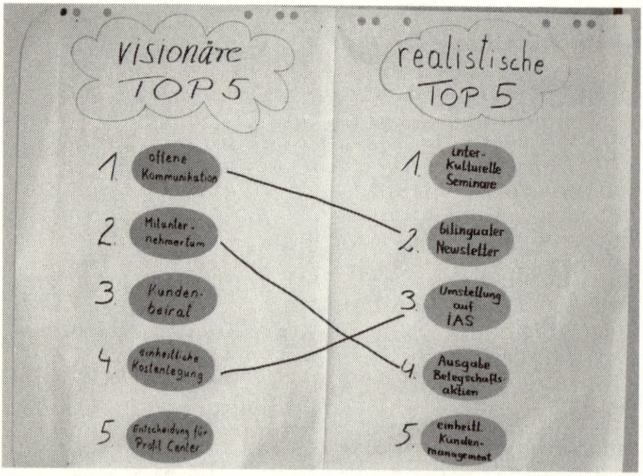

Gemeinsame Prioritätenliste: Visionäre und realistische Top 5

Der Moderator fordert das Plenum im Anschluss an die Präsentationen auf, bei den nun parallel auf Flipcharts transparent gemachten Ergebnissen der Top 5 nach Überlappungen zu suchen. In der Regel stellt sich heraus, dass sich trotz völlig entgegengesetzter Aufträge die Listungen in einigen Punkten überschneiden.

Aus diesen Überschneidungen sollen alle Teilnehmer unter Anleitung des Moderators nun darüber nachdenken, welche gemeinsame Prioritätenliste aus den unterschiedlichen Ergebnissen kreiert werden kann. Insbesondere die Diskussion der Frage kann von Bedeutung sein, ob zuerst sozio-emotionale oder aber technische Maßnahmen angegangen werden sollten – eine situativ und von der Unternehmenskultur abhängige Frage. Setzt sich beispielsweise der Glaube durch, dass vor dem Herangehen an knifflige Sachthemen erst noch grundsätzliche Beziehungsmuster geklärt werden müssen, so ist diesem Punkt Vorrang zu geben. Die einzelnen Punkte der gemeinsamen Prioritätenliste sollten im Laufe von drei Jahren in die Praxis umgesetzt werden.

Der Top 1 oder der Top 2 einer solchen Liste (s. oben) werden dann in der Praxis des Teamlernens wieder aufgegriffen.

Mit diesen Inspirationen an Bord wird der gemeinschaftliche Boden für die Handlungen geschaffen, die wir in den beiden nächsten Kapiteln bei der Umsetzung beschreiben.

Teamlernen

Umfassende Wandlungsprozesse in Wirtschaft und Gesellschaft fordern vom modernen Change Management, alle Vorteile der Teamarbeit zu nutzen. Diese sind unter anderem höhere Kreativität, eine signifikant stärkere Bindung der Mitglieder (im Vergleich zu traditionellen Arbeitsorganisationen mit Einzelarbeitern) oder eine geringere Fehlerrate. Vorteile wie diese können nur durch »echte« Realteams eingelöst werden.

So ist nach Peter Senge (1996a, S. 287) das Teamlernen »... der Prozess, durch den ein Team seine Fähigkeit, die angestrebten Ziele zu erreichen, kontinuierlich ausrichtet und erweitert«.

Die Idee, dass Teams erst lernen müssen, um das Ziel des organisationalen Lernens sicherzustellen und dann erfolgreich arbeiten zu können, ist in herkömmlichen Teams nicht gegeben: Wenn in »Pseudo«-Teams außer dem Namen kein gemeinsames Vorgehen vorhanden ist, oder bei Kaffeekränzchenatmosphäre nur schöne gemeinsame Visionen kreiert werden, bewegt sich die Organisation noch lange nicht »kontinuierlich«, um wieder mit den Worten von Peter Senge zu sprechen. Ein »echtes« Team muss das Lernen erst lernen, um sich statt Schönwetterreden oder ergebnisloser Diskussionen mögliche Synergien im Change-Management-Prozess zunutze zu machen. Doch wie?

Sicher ist das Bilden von Gemeinsamen Visionen – wie bereits im Kapitel »Gemeinsame Visionen« dargestellt – ein wichtiger konstitutiver Meilenstein für das Teamlernen respektive des Projekterfolgs! Das gemeinsame Ziel verbreitet idealerweise so viel Anziehungskraft, dass die nötigen Kräfte zum Erreichen schon in dieser Phase freigesetzt werden. Aber wie können die freigewordenen Kräfte so gebündelt werden, dass echtes, organisationsveränderndes Teamlernen entsteht? Visionen allein garantieren eben noch nicht, dass die guten Ideen auch nur ansatzweise umgesetzt werden können, und die Organisation de facto lernt. Hier stecken zu bleiben, ist oft schon der Tod eines Change-Management-Projekts: Durch das Nicht-Umsetzen der »visionären« Ideen kann dieselbe Forderung einer später initiierten Organisationsentwicklung mit dem Verweis auf »das klappt ja sowieso nicht« auf Eis gelegt werden.

Wir sind also gut beraten, das Modul des »Teamlernens« für eine Lernende Organisation jenseits der Visionsbildung sehr ernst zu nehmen.

Teamsynergien nutzen

Die Disziplin »Teamlernen« kann nicht von Einzelnen erlernt werden. Man muss alle verschiedenen Meinungen, Stimmungen, Vorschläge und Persönlichkeiten live erleben, damit sich die Organisation weiterentwickeln kann. Es ist ja auch nicht möglich zu sagen: »Ich lerne gerade eine Jazzband zu sein« (vgl. Senge 1996a, S. 288).

Wir wissen, dass Teams lernen können und dass die Intelligenz des Teams die Intelligenz des Einzelnen bei weitem überschreiten kann. Ein Team hat die Möglichkeit, außergewöhnliche Fähigkeiten zum koordinierten Handeln zu entwickeln, wenn es die richtige Struktur besitzt.

Ein Beispiel: In einem Wettbewerb wurden vier Einzelpersonen, separat zu einem Viererteam die Aufgabe gegeben, Kreise kreativ auszumalen. Folgende Ergebnisse wurden erzielt:

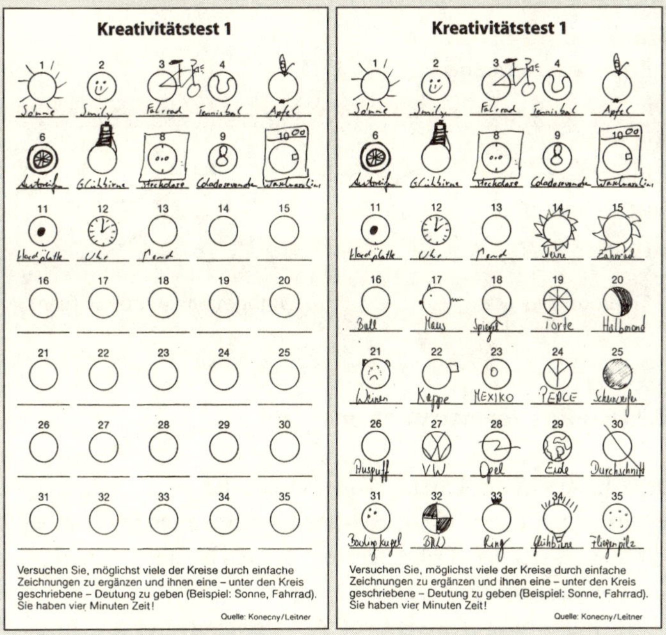

Einzelperson — Team

Was kreative Lösungen angeht, so war das Viererteam sicher überlegen. Beim Teamlernen ist insbesondere der »organisierte Schneeballeffekt« ein interessanter Effekt. Menschen kommen durch die Nennung ihnen fremder Ideen auf eigene fortführende Ideen, auf die sie allein nicht gestoßen wären.

Zudem: Wenn Teams auf diese Art lernen, erzielen sie nicht nur herausragende Ergebnisse, sondern die einzelnen Mitglieder entwickeln sich auch im Vergleich zur Einzelarbeit besser.

Um dieses Potenzial aber nutzen zu können, bedarf es der optimalen Ausrichtung der Mitglieder. Ein schlecht organisiertes Team verschwendet Energie, wohingegen ein gut ausgerichtetes Team Synergien entwickelt. Das Empowerment des Einzelnen wird zum Empowerment des gesamten Teams. In der folgenden Darstellung sind die Funktionen beziehungsweise Beiträge der Teammitglieder als Pfeile dargestellt.

Teamausrichtung

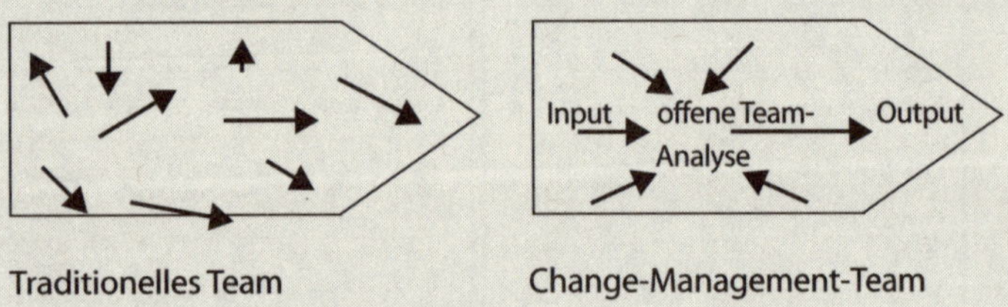

Notwendige Teamstrukturen

Der Change-Management-Workshop ist daher ein überaus geeignetes Instrument, eine zielorientierte Implementierung von den Wurzeln her zu steuern. Dabei leistet jeder nach seinen Fähigkeiten seinen individuellen Beitrag.

So muss beispielsweise vor der Implementierung eines neuen Workflows zunächst die Struktur der Kostenstellen analysiert werden, damit die Datenaggregation auf dem richtigen Level stattfindet. Durch »Customising«, der Anpassung der Software an die Bedürfnisse des Kunden wird dies in der Praxis bewerkstelligt.

Ähnlich verhält sich der Faktor Mensch, wenn es um die Veränderung seiner gewohnten Arbeitsabläufe geht. Je verästelter die Struktur, sprich je steiler die Hierarchie, desto kleiner müssen die Veränderungen sein, damit ein reibungsloser Ablauf garantiert wer-

Strukturverästelung

Struktur (Aufbauorganisation)

↑

Strategie (Ablauf- und Prozessorganisation)

↑

Unternehmenskultur

↑

Change-Management-Team(s), die für die Gesamtorganisation als Multiplikatoren wirken

den kann. Hier gilt es, die Mitarbeiter da abzuholen, wo sie stehen. Denn tief greifende Veränderungen können nur von einer flexiblen Belegschaft mit geringen Hierarchiegefällen getragen werden. Es muss zuerst überlegt werden, ob und inwiefern Teamarbeit, Unternehmenskultur und vor allem die Struktur eines Unternehmens für die avisierten Veränderungen geeignet oder reif ist. Und diese Frage wiederum ist abhängig von Wahrnehmungen in den Gruppen, die gegebenenfalls erst im Hinblick auf Change Management motiviert und mobilisiert werden müssen.

Leidvolle Erfahrungen mit der Implementierung von Software, wie beispielsweise SAP R3 zeigen, dass die Reibungsverluste durch die Einführung eklatant sind, weil ganz im Sinne der anfangs skizzierten Bombenwurf-Strategie die Organisationsmitglieder in die Planung nicht mit einbezogen wurden. Mitarbeiter werden zwar vor der Einführung geschult, haben aber keine Praxiserfahrung, um am besagten Tag X den vollen Arbeitsanfall von null auf hundert bewältigen zu können.

Zusammensetzung und Nominierung des Change-Management-Teams

Eine willkürlich zusammengewürfelte Gruppe ist schwerlich in der Lage, einen ähnlichen Output zu liefern, wie ein sorgfältig ausgesuchtes und mit den verschiedensten Fähigkeiten und Fertigkeiten ausgestattetes Lernteam. Diese Zusammensetzung erfolgt in zwei Schritten:

Der erste Schritt

Der erste Schritt bezieht sich nach der Strategieklärung auf die richtige und permanente personelle Zusammensetzung des Change-Management-Teams – eine Entscheidung, die üblicherweise »top-down« (per Delegation) oder »bottom-up« (durch Ausschreibung) schon vor dem Kick-off-Workshop mit der Selektion seiner Teilnehmer getroffen wird. Arbeitet das Team aber auch nach der Rückkehr von der Kick-off-Veranstaltung permanent zusammen, kann die Selektion beziehungsweise Erweiterung der permanenten Teilnehmer eines seiner wichtigsten Ergebnisse sein.

Grundsätzlich erfolgt die Organisation des Kick-off- oder des permanenten Change-Management-Teams auf der Grundlage der Einsichten des amerikanischen Organisationspsychologen Ransis Likert, der bereits 1961 das Konzept der »overlapping pins« entwickelt hat (vgl. Likert 1972, S. 104).

Zunächst unabhängig von der Unternehmenskultur geht dieses Konzept davon aus, dass erfolgreiche Teamarbeit für die Gesamtorganisation als eine zweite Struktur zwischen den Hierarchien angelegt sein muss, in der sich Mitglieder unterschiedlicher Herkunft im Ideal völlig hierarchiefrei treffen. Ganz im Sinne des Lernkreises erzeugen sie in der Teamarbeit ein gemeinsames Problembewusstsein und am Ende Zielvereinbarungen, die später Gegenstand der alltäglichen Veränderungsarbeit werden sollen. Idealerweise, so ist nach Likert zu folgern, durchzieht das Konzept sämtliche betrieblichen Hierarchiestufen, die durch Verbindungsglieder mit der jeweils übernächsten Hierarchiestufe kommunikativ direkt vernetzt sind.

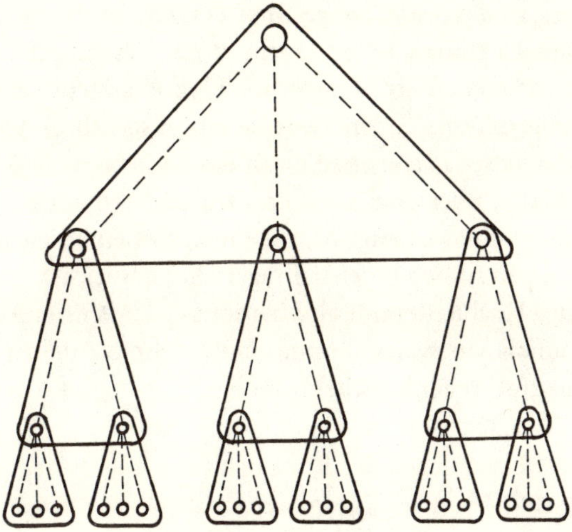

Das Likert-Teamkonzept der Overlapping groups (vgl. Likert 1961)

Ungezählte Qualitätszirkel als permanent arbeitende Change-Management-Teams sind bereits weltweit durch das Likert'sche Prinzip über viele Jahrzehnte verbunden. Das Anforderungsprofil an ein Change-Management-Team geht über die Forderung Likerts (Teams mit Mitgliedern aus jeweils nur zwei aufeinander folgenden Hierarchieebenen zusammenzustellen) hinaus: Die Mitglieder sollten formal betrachtet aus sehr unterschiedlichen und auch weit auseinander liegenden Ebenen stammen:

Jenseits des Change-Management-Workshops kann mit der Zusammenstellung des danach arbeitenden Teams auch die Implementierung einer permanenten »Task Force« initiiert werden, die sich während des Arbeitsalltags diverser Themen annimmt – und zwar ausgestattet mit funktionalen Anweisungsrechten.

Der zweite Schritt

Neben den im ersten Schritt ausgeführten »objektiven« Voraussetzungen müssen nun in einem zweiten Schritt »subjektive« Voraussetzungen für die Zusammensetzung des Change-Management-Teams geklärt werden. Wir haben dazu bereits im Kapitel »Gemeinsame Visionen« gefordert, dass das Change-Management-Team einen vertikal wie horizontal signifikanten Querschnitt des Gesamtunternehmens oder der betroffenen Abteilungen abbilden soll. Zu diesem zehn- bis zwölfköpfigen Team zählen – wie bereits ausgeführt – jeweils zur Hälfte »visionäre« Personen, die von der Verbesserungsfähigkeit der Organisation überzeugt sind, und zur anderen »Realisten«, die unweigerlich in das Change Management mit einbezogen sind. Für beide Gruppen sollten Potenzialträger eher berücksichtigt werden, als derzeitige Hochleister mit Fluktuations- oder Pensionierungsabsicht, da nur die erstgenannten das Unternehmen auf seinem Weg in die Zukunft weiter begleiten werden.

Kick-off – und los gehts

Die Forderung der Organisationspsychologie »structure follows strategy« wird in der Praxis freilich oft umgekehrt behandelt: Die Strukturen, also das Organigramm, sind »da«, und auf dieser Grundlage wird eine Strategie entwickelt. Aus diesem Grund werden wir in den folgenden beiden Abschnitten (abweichend zu der eben ausgeführten theoretischen Herleitung) ebenso mit der Struktur beginnen, und zwar in zwei Stufen.

Teambuilding

Die Zusammensetzung des Change-Management-Teams nach Likert (»hard skills«): Das Team wird nach der Definition der gemeinsamen Visionen und der Top 3–5 gebeten, arbeitsteilig oder im Plenum genau zu definieren, welche Personen hierarchieübergreifend nach Likert in einem permanent arbeitenden Change-Management-Team als eine Art projektspezifischer Qualitätszirkel zusammensitzen sollen. Wichtig ist dabei ein Minimum an Rollenverteilung, namentlich die Wahl eines Moderators und eines Protokollanten. Beide Sonderrollen, die einer hierarchiearmen oder -freien Organisation entsprechen, können dann später auch zwischen den Teammitgliedern rotieren.

Beispielsweise erarbeitete ein Team eines Großunternehmens folgenden Chart zur permanenten Besetzung des Change-Management-Teams:

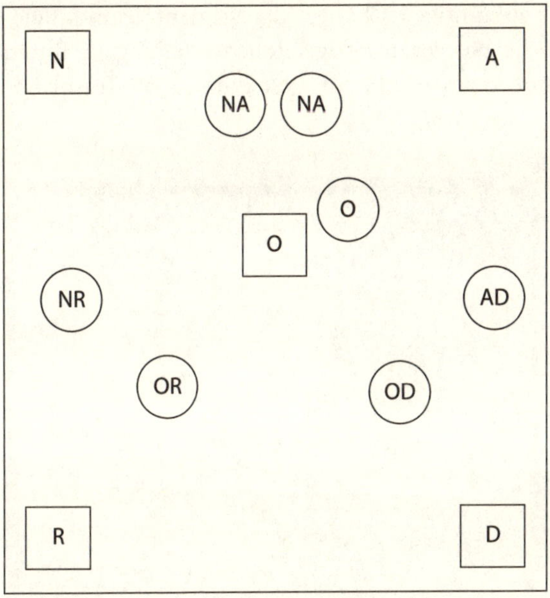

Chart zur permanenten Besetzung des Change-Management-Teams

Die Zusammensetzung des Change-Management-Teams nach Persönlichkeitsprofil (»Soft skills«): In dem Kapitel »Mentale Modelle« (s. S. 55ff.) haben wir bereits auf die Notwendigkeit hingewiesen, die »Soft skills« durch eine entsprechend ausgewogene Auswahl der Teammitglieder zu berücksichtigen. Abgesehen von den fachlichen Anforderungen an die Herkunft der Change-Management-Teammitglieder werden emotionale Qualitäten als wichtig erkannt. Dazu knüpfen wir an unsere Idee aus diesem Kapitel an, verschiedene Widerstände im Unternehmen produktiv für das Change Management zu nutzen.

Auf der Basis der Einzelauswertung des dort exemplarisch beschriebenen Leonard-Profils werden die Charts der jetzigen Teilnehmer oder der zukünftig geplanten Mitglieder des Change-Management-Teams in drei Schritten weiterverwendet.

Erster Schritt
Nachdem die oben beschriebene Selbsteinschätzung privat durchgeführt und mit dem Moderator besprochen wurde, geht die folgende Anweisung an die Teammitglieder: »Bitte, nehmen Sie alle Profile der jetzigen oder zukünftigen Change-Management-Teammitglieder und pinnen Sie die gegenwärtige Rollenverteilung in Ihrem Team gemäss dem Leonard-Profil auf diese Pinnwand (›Teamlandkarte‹).«

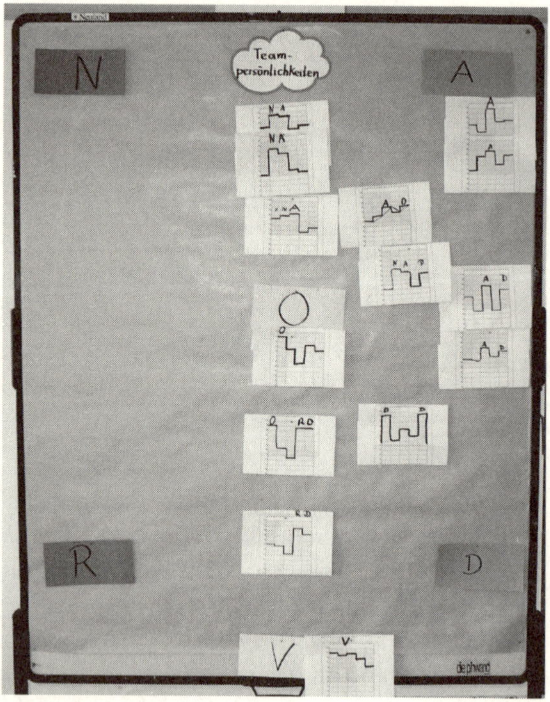

»Der Teamchart«

Die Ergebnisse werden entweder anonym oder offen entsprechend der fünf Buchstaben auf die Pinnwand geheftet. Danach werden diese kurz von den Teammitgliedern mit der Unterstützung des Moderators interpretiert. In diesem Fall fällt eine Tatsache sofort auf: Es fehlen neutrale und relationale Personen.

Zweiter Schritt

Das Team behandelt die folgenden Fragen: »Welche Probleme könnten für unser Projekt aufgrund der gegenwärtigen Team-Persönlichkeitszusammensetzung auftreten? Inwieweit müssten wir bei uns etwas ändern, um ein besseres Change-Management-Team zu werden. Wie kann das gehen?«

Übung

Bitte erarbeiten Sie kurz im Team, welche Probleme in dem oben angedeuteten Team auftreten!

Das Problem in dem oben dargestellten Team ist offensichtlich: Wenn die Hypothese zutrifft, dass das Portfolio eines angemessenen Change-Management-Teams insbesondere O(penness)-, A(nalytic)- und D(ecisiveness)-Elemente enthalten muss, finden wir hier akuten Nachholbedarf.

Wie die Auswertung auch ausfallen mag: Das Team selbst sollte sich anschließend diesen spezifischen Problemen widmen und situativ angemessene Ideen kreieren, wie ihre EQ-Skills (Emotionale Intelligenz) verbessert werden können. In diesem Fall müsste die Frage behandelt werden, wie die Teammitglieder ihre A- und D-Lücken schließen können.

In unserem Beispiel haben die Teammitglieder anhand ihrer Analyse Selbst- und Fremdbilder erarbeitet und teilen sich nun durch die offene Methode des rotierenden »heißen Stuhls« (je eine Person wird gezielt von den anderen Teammitgliedern beurteilt) oder durch gegenseitige Kartenabfrage mit, wer wie am Auftreten seiner Persönlichkeit arbeiten sollte. Kompetenzlücken, aufgezeigt durch den Leonard-Test, können so präziser aufgezeigt und gegebenenfalls langfristig geschlossen werden.

Dritter Schritt
Am Ende sollte das Team eine möglichst ideale EQ-Konstellation für ihre Zukunftsaufgaben entwickeln: Die Teamergebnisse werden auf der Pinnwand visualisiert, in Zweierteams wird erarbeitet, was im Einzelnen zu ändern ist (Coaching, Training und/oder Beschaffung). Diese Frage ist besonders während Restrukturierungsmaßnahmen wichtig, da die Soft skills als Teil eines allgemeinen Qualifikationsprofils für das Change-Management-Team auf einem Flipchart visualisiert werden. Zudem können so die bestehenden Teamfähigkeiten weiterentwickelt werden.

Über die allgemeine Ablauf-Organisation von Team-Workshops, deren Output Teamlernen ist, wurde viel geschrieben. Wir möchten auf ein Werk verweisen, aus dem die Struktur eines allgemeinen Workshops sichtbar, und dabei die verschiedenen eingesetzten Methoden zur Transparenz- und Motivationsverbesserung angewandt wurden: Klebert, K.: Kurz-Moderation. Hamburg 1995.
Wer sich das Lesen sparen will, kann sich auch das Video von Neuland, »Die moderierte Besprechung« anschauen.

Die Strategie des Team-Workshops

Umsetzung der Gemeinsamen Visionen im Team: Das Team wird vom Moderator aufgefordert, sich an die aus den Top 5 generierte Prioritätenliste zurück zu erinnern. Im Team soll exemplarisch für das Oberziel Top 1 überlegt werden, was innerhalb des nächsten Jahres von wem wann getan werden muss, um die wichtigsten Aktivitäten auf dem Weg der Umsetzung der Visionen in die Praxis zu ergreifen. Dabei soll hinsichtlich einer transparenten Zieloperationalisierung jede Vision in vier Teilbereiche unterteilt werden:

- Finanzielle Dimension (beispielsweise Kosten, Umsatzziele, Renditekennzahlen),
- Dimension interner Prozesse (beispielsweise Kosten, Umsatzziele, Ausschuss, Durchlaufzeiten, Workflows),
- Kundendimension (beispielsweise Kosten, Umsatzziele, Kundenzufriedenheit, Kundenbindungsdauer, Kundenansprache),
- Mitarbeiterdimension (beispielsweise Kosten, Umsatzziele, Motivation, Persönlichkeit, Qualifikation).

Zu jedem dieser Teilbereiche sollen, hinsichtlich der Übertragbarkeit der Ziele in eine »Balanced Scorecard« (s.S. 113ff.), bis zu vier Unterpunkte gefunden werden, die die jeweilige Dimension näher beschreiben.

Teamlernen Reflexion

Um dem zukünftigen Team ein Bewusstsein für die optimale Zusammenarbeit (zum Beispiel Teamgröße) zu lehren – können verschiedene gruppendynamische Elemente eingebaut werden.

- **Das Team in unterschiedlich große Subteams aufteilen,** um die Prozesse für das erste Jahr zu definieren. Erfahrungsgemäß wird das Arbeiten hinsichtlich der Motivation aller Mitglieder und auch im Hinblick auf den Output bereits im Vergleich von einem fünf- zu einem siebenköpfigen Team unterschiedlich sein.
- **Die Gesamtorganisation des Teamlernens gänzlich dem Team überlassen.** Ob 12 bis 15 Personen selbstständig darauf kommen, die Arbeit aufzuteilen, oder ob sie unreflektiert im Gesamtteam zusammenarbeiten, sind Fragen, die unterschiedliche Lösungen zulassen und die der Moderator oder ein eigens dafür abgestellter Beobachter schweigend analysieren kann. Die nachfolgende Punktabfrage am Flipchart (s.S. 102f.) kann Aufschluss geben.

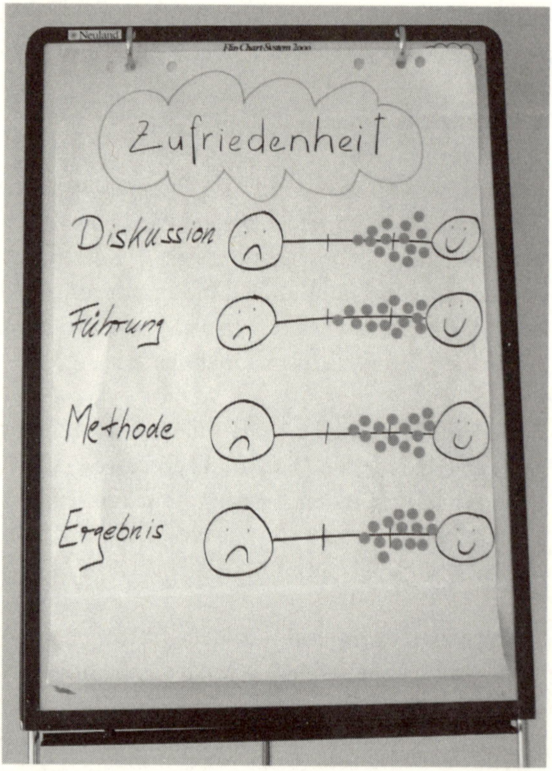

Zufriedenheitsabfrage nach der Sitzung »Teamlernen«; undifferenziert mit 14 Teilnehmern

Folgende Fragen kann der Moderator mit dem Change-Management-Team in der Abschlussrunde dieses Abschnittes anhand einer Punktabfrage diskutieren.

- Kam es zu einer Moderatorenwahl?
  Wie wurde der Moderator gegebenenfalls bestimmt?
- Welche Rolle nahm der Moderator gegebenenfalls ein (»nur« Moderator oder bestimmend, Fragen stellend oder vornehmlich protokollierend, Richtungen angebend oder zurückhaltend, lächelnd oder ernst, zusammenfassend oder nur schreibend)?
- (Wie) wurde der Prozess visualisiert (Transparenz)?
- Fand eine Aufteilung der Gesamtaufgabe statt?
- Wie ging das Team mit Störungen um (Cliquen, störende Nebenschauplätze, ab wann)?

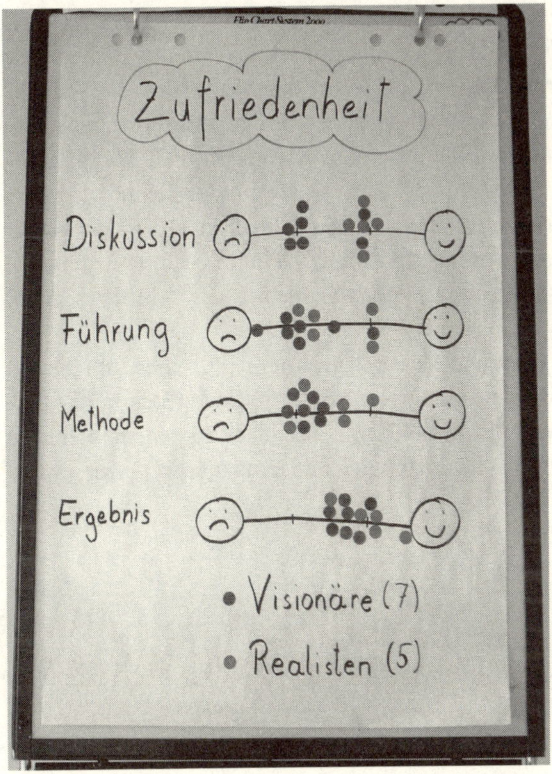

Zufriedenheitsabfrage nach der Sitzung »Teamlernen«; differenziert mit sieben Visionären, fünf Realisten und zwei Beobachtern

- (Wie) wurden Außenseiter (falls vorhanden) integriert?
- Zu welchem Grad gelangt die gestellte Aufgabenbewältigung? Existierte ein funktionierendes Zeitmanagement?

Auf einem Flipchart können, differenziert nach den ursprünglichen »Visionären« und »Realisten«, insgesamt vier Aspekte der Zufriedenheit mit dem Teamlernen abgefragt werden. In einer Situation gegenseitigen Vertrauens werden dann keine »geschönten« Ergebnisse entstehen, sondern die gesamte Bandbreite einer offenen und ehrlichen Evaluation wird sichtbar.

Der Vergleich verschiedener Teams (s. Abb. »Zufriedenheitsabfrage undifferenziert«, S. 102, und Abb. »Zufriedenheitsabfrage differenziert«, S. 103) kann entsprechend unterschiedlich ausfallen.

Der Vergleich der beiden beispielhaften Charts zeigt, dass sich in einer undifferenzierten Abfrage ein größeres Team möglicherweise nach außen optimistischer gibt, wenn der Moderator die Teilnehmer nicht auffordert, die Klebepunkte vor dem Anpinnen zu nummerieren beziehungsweise zu personifizieren. Im Fall der differenzierten Abfrage, in der ein 5er-Team sowie ein 7er-Team (plus zwei Beobachter) gearbeitet haben, erscheint das Ergebnis im Wege der Nummerierung genau umgedreht: Die kleinere Gruppe ist tendenziell zufriedener und auch das Arbeitsergebnis wird als besser angesehen.

Ob mit oder ohne das Zusatzexperiment mit einer führerlosen Diskussion im Teamlernen: Dieser Abschnitt eignet sich in der Praxis, dem Team ein selbst initialisiertes Feedback zu geben, inwieweit echtes Teamlernen nach der Senge'schen Eingangsdefinition eingetreten ist.

Die Fünfte Disziplin: das Systemdenken

»Wandel ist vergleichbar mit einem Tischtuch: Man kann nicht an einer Ecke ziehen, ohne den Rest zu beeinflussen.« *(Sprichwort)*

Nach dem Durchleben der ersten vier Disziplinen ist dieser Abschnitt gleichsam thematischer Höhepunkt jedes Veränderungsprozesses: Die Aktivierung der Fünften Disziplin, gleichnamig mit dem Buch von Peter M. Senge (1996a), ist das Ziel jedes Change-Management-Prozesses. Diese Disziplin führt einerseits hinaus aus der Welt des Denkens innerhalb der Organisation zu einem integrierten Ansatz, der alle relevanten mit dem Veränderungsprozess befassten Einheiten gewinnbringend einbeziehen möchte. Andererseits ist das Systemdenken eine gute Möglichkeit, Ursache-Wirkungszusammenhänge und deren Steuerung eingehend zu reflektieren, und entsprechende Schlussfolgerungen für praktisches Handeln zu ziehen.

Die Kunst das Ganze zu sehen

Alle fünf Disziplinen befassen sich mit dem erforderlichen Umdenken, um Organisationen erfolgreich verändern zu können. Das Systemdenken bietet dabei die konzeptionelle Grundlage für die anderen vier Disziplinen. Aber keine der vorher behandelten Disziplinen kann Erfolg zeigen, wenn nicht das Ganze, also das Ineinandergreifen der einzelnen Disziplinen sichtbar wird.

Denkstrukturen, die uns nicht bewusst sind, halten uns oft in einer Sichtweise gefangen, die zunächst nur bis zum eigenen Tellerrand schauen lassen. Wir müssen also von der Idee, Glied in der Kette zu sein, zu einer prozessualen Wahrnehmung kommen, die statt einer blitzlichtartigen Momentaufnahme das produktive Zusammenwirken verschiedener Teile aufzeigt. Ein einfaches Beispiel für einen solchen Prozess lässt sich aus der Physik anführen:

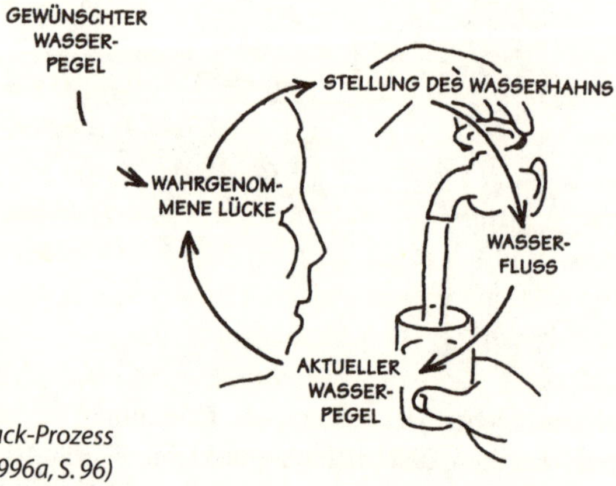

Feedback-Prozess (s. Senge 1996a, S. 96)

Wie zu erkennen ist, kann das Glas nicht damit gefüllt werden, indem der Durstige denkt »das Wasser läuft in das Glas«, sondern nur, indem für ihn ein ständiges, prozessorientiertes Feedback stattfindet, wie viel Wasser noch bis zum gewünschten Pegel fehlt und wie dementsprechend die Stellung des Wasserhahns ausgeregelt werden muss.

Selbstverständlich stellt es sich um ein Vielfaches komplizierter dar, das System Unternehmen zu beschreiben, noch dazu vor dem

Hintergrund von vorzunehmenden Veränderungsprozessen. Die relativ lineare Ursache-Wirkungskette beim Füllen eines Wasserglases wird im Change Management ersetzt durch eine Reihe von Faktoren, die multi-kausal sind, und deren Zusammenhänge und Auswirkungen nicht klar auf der Hand liegen. Genau darin liegt in der Lernenden Organisation eine ihrer Kernherausforderungen.

Die auftretenden Kräfte in Systemen

Beim Systemdenken geht es darum, Hebelwirkungen zu identifizieren, um Probleme nicht symptomatisch, sondern dauerhaft und mit möglichst geringem »Kraftaufwand« zu lösen. Hierzu müssen wir wissen, welche Kräfte in einem Prozess wirken:

- **Verstärkungskräfte:** Bei diesen Kräften baut eine kleine Veränderung auf sich selbst auf. Jede auftretende Bewegung wird verstärkt und erzeugt eine noch stärkere Bewegung in dieselbe Richtung. Eine kleine Aktion wird zum Schneeball und bringt immer mehr von sich selbst hervor, so ähnlich wie Zinseszinsen (Senge 1996a, S. 104).
  In einem betriebswirtschaftlichen Kontext kann dieser Verstärkungsprozess mit dem Verkauf eines neu entwickelten hochwertigen Produktes illustriert werden: Handelt es sich um ein gutes Produkt, bedeuten mehr Verkäufe wiederum zufriedenere Kunden, was noch mehr positive Mundpropaganda auslöst. Dies führt zu noch mehr Verkäufen, was eine weitere Verbreitung der positiven Mundpropaganda nach sich zieht.
  Ist das Produkt dagegen von minderer Qualität, wird der Tugendkreis zu einem Teufelskreis, der sich beschleunigende Zusammenbruch ist die Folge. Möchte man sich diese Verstärkungskräfte zunutzen machen, ist es ebenso wichtig, die zwar weniger spektakulären, aber um so wichtigeren ausgleichenden Kräfte zu verstehen.
- **Ausgleichende Kräfte:** Das eben beschriebene Unternehmen wird durch den Verkauf seiner Produkte immer mehr wachsen, bis es aus scheinbar unerfindlichen Gründen an eine obere

Grenze angelangt. Viele Manager versuchen, diese Situation durch verstärkte Marketingaktivitäten zu überwinden, was sich aber zumeist als nur wenig wirksam erweist.
Der Grund liegt darin, dass der Verstärkungsprozess eben auf eine ausgleichende Kraft trifft. Im vorliegenden Falle würde dies beispielsweise bedeuten, dass das Unternehmen durch die übervollen Auftragsbücher in Lieferverzug geraten ist. Die Folge sind unzufriedene Kunden, die auf ihr vermeintlich hochwertiges Produkt warten und ihren Unmut durch Mundpropaganda kundtun.
Um diese Wachstumsbarriere zu überwinden, muss nun an der ausgleichenden Schleife angesetzt werden. Im Konkreten dürfen keine neuen Aufträge angenommen werden, solange die Rückstände nicht abgearbeitet oder die Kapazitäten ausgebaut worden sind.

Zielsetzung für das Change Management

Wäre der Wirkmechanismus bekannt, entstünden für das Zusammenspiel in der Organisation Vorteile, sofern im Change-Management-Workshop Einigkeit in Bezug auf ein Vorgehen hergestellt werden kann. Demzufolge wollen wir in diesem Abschnitt auf der Grundlage der vier behandelten Disziplinen lernen:

- Eine systemische, für das Change Management passende Denkweise entwickeln und so anwenden, dass über die Einzelteile hinausgeblickt und das Ganze gesehen werden kann.
- Wir wollen versuchen, unsere gedanklichen »Insel-Annahmen« als Glieder in der Kette neu zu strukturieren, damit die multikausalen Ursachen signifikanter Veränderungsprobleme aufgedeckt und aktiv angegangen werden können.

Anwendung auf das Change Management

Das Unternehmen als Gesamtsystem begründet sich auf seinen zunächst zum Teil unsichtbaren Teilsystemen, die aufeinander einwirken. Weitere Wirkungen seiner sich wandelnden Umwelt in vier Bereichen wurden bereits in der Einleitung dargestellt. Die Übersicht sieht dann wie folgt aus:

INFO

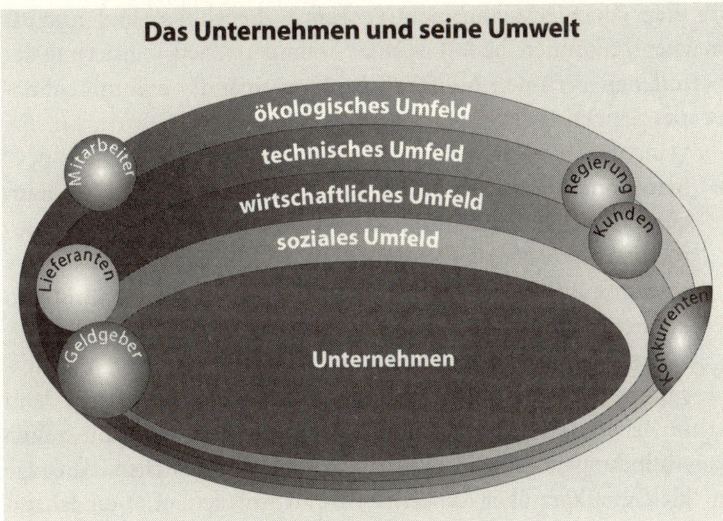

Entgegen dieser plausiblen Grundeinsichten mehrerer Perspektiven mit verschiedenen Kausalitäten ist vielerorts noch der Status quo ohne Einbezug des Systemdenkens vorzufinden: Fehlende Übersicht ist jedoch bei der gemeinsamen Visionsbildung hemmend. Schon allein aus mangelnder Kommunikation zwischen den Abteilungen wird dann eine Veränderung initiiert, die am Ziel vorbei geht.

Ob Einkauf, Produktion oder Verwaltung: Systemlogik im Unternehmen bedeutet, dass Ereignisse in einer Organisation zwar räumlich und zeitlich voneinander getrennt in Subsystemen stattfinden, am Ende jedoch zum gemeinsamen übergeordneten System beitragen (sollen). Diese Ereignisse werden vom – manchmal unbeabsichtigten – Zusammenspiel der Menschen beeinflusst. Sie hängen voneinander ab und wirken aufeinander.

Nur wenn beispielsweise ein Unternehmen über motivierte Vertriebsmitarbeiter verfügt, kann es seine Produkte verkaufen, die Anteilseigner zufrieden stellen und langfristig über eine gemeinsame Visionsbildung die Produktpalette optimieren.

Dies bildet aber bei weitem noch nicht die gesamten komplexen Einflussbeziehungen ab.

Um solche systemischen Zusammenhänge auch »systematisch« für den Change-Management-Prozess wahrnehmen und nutzbar machen zu können, bedarf es einer besonderen Sensibilisierung der betroffenen Personen bezüglich fünf miteinander zusammenhängender Aspekte (vgl. Senge 1996a):

- **Symptomhafte Bekämpfung von Problemen:** Ein starker Raucher kann bei einer chronischen Bronchitis zwar für den momentanen Hustenreiz Hustensaft oder Antibiotika einnehmen, an seiner Bronchitis aber wird er längerfristig nur etwas ändern können, wenn er das Rauchen aufgibt.
  Genauso gilt dieser Grundsatz, wenn beispielsweise bei Auftragsspitzen mühselig Mitarbeiter eingestellt werden, um ihnen dann in Zeiten schlechter Auftragslage zu kündigen und mit hohen Abfindungen gehen zu lassen, anstatt zu versuchen, Aufträge gleichmäßiger über das ganze Jahr zu verteilen, oder die Jahresarbeitszeit entsprechend anzupassen.
  Will man die Symptome nicht nur kurzfristig behandeln, muss man die wahren Problemindikatoren kennen, um das wirkliche Übel »an den Wurzeln packen zu können«. Im betrieblichen Alltag stellt dies oft schon die erste unüberwindbare Hürde dar.
- **Kompensatorische Rückkoppelungseffekte:** Wie im Schaubild auf Seite 106 beispielhaft gezeigt, gilt der Grundsatz: je mehr wir uns ohne Reflexion des eigenen Tuns anstrengen eine ungünstige Situation zu verbessern, desto mehr tragen wir zu ihrer Verschlimmerung bei.
  Durch die Mehranstrengung wird die Situation zwar kurzfristig verbessert (= Symptombehandlung), die wahre Ursache des Problems aber nicht gelöst. Daher erfolgt langfristig eine Verschlechterung der Gesamtsituation.

Einschlägiges Beispiel hierfür ist die Welthungerhilfe. So werden lebensnotwendige Güter in Not leidende Gebiete geliefert, was kurzfristig zu einer Verbesserung der Lebensbedingungen der Bevölkerung führt. Langfristig bewirkt diese Hilfe ohne fundamentale Aufklärung eine Steigerung der Geburtenrate, woraus noch mehr Not leidende Menschen resultieren.

- **Hebel:** Ein Systemverständnis ist in einer Lernenden Organisation deshalb von herausragender Bedeutung, damit Kräfte identifiziert werden können, denen eine Hebelwirkung für das Change Management innewohnen. Hebel bedeutet in diesem Fall: Es bedarf nur einer kleinen Veränderung, um eine große Wirkung zu erzielen. Eine Hebelwirkung steht oft nicht in räumlicher oder zeitlicher Nähe zu den Problemsymptomen. Im Kontext des Change Managements heißt das beispielsweise, dass insbesondere die Meinungsführer (»Opinion Leaders«) für grundsätzliche Veränderungen zu gewinnen sind. Diese werden, durch ihren gehobenen informellen Status in der Organisation, auch andere für Veränderungen begeistern können.
  Des Weiteren ist zu beachten, dass der richtige Hebel, wie oben schon erwähnt, manchmal erst viel später seine Wirkung erkennen lässt, da er nicht unmittelbar »greifen« kann. So bedarf es mitunter Monate, um die Ergebnisse des Change-Management-Kick-off-Workshops zum Laufen zu bringen oder unter Umständen Jahre, um dessen nachhaltigen Erfolg messen zu können.
  Denn egal wie eine Änderung in ein System eingeführt wird, es ist immer mit einer zeitlichen Verzögerung behaftet. Als unbedingter Erfolgsfaktor in einer Lernenden Organisation gilt in diesem Zusammenhang das Vermeiden von unnötigen Systemverzögerungen.
  Entsprechend verhalten sich beispielsweise auch Technologiezwänge in der Automobilindustrie. So hat nicht jeder Hersteller gleich weit entwickelte Sicherheits- oder Antriebskonzepte. Um aber im Wettlauf um Kunden nicht hinter andere Hersteller zurückzufallen, wird oftmals kostspieliges Know-how zugekauft.
- **Macht von Intervenierenden:** Die Kunst, das System »Unternehmen« aus mehreren Perspektiven zu sehen, und die Motivation, Veränderungen unter fachlicher »Aufsicht« auch umzusetzen,

wird durch die Idee, Hilfe von außen zu holen, verbessert. Die Kehrseite: Organisationsberater bekommen, sofern ihr Budget nicht nur auf den Kick-off-Workshop für den Change-Management-Prozess begrenzt ist, mehr und mehr Einfluss, indem sie sich durch Schaffung eines Abhängigkeitsverhältnisses unentbehrlich für das zu beratende Unternehmen machen können. Eine Lösung wäre die vertraglich zugesicherte Vermittlung von Fähigkeiten, die eine Hilfe zur Selbsthilfe ermöglicht, anstatt eine komplette Problemlösung von extern implementieren zu lassen.

- **Die Sicht der Mikrokosmen:** Um einen Prozess ganzheitlich zu beschreiben, ist es erforderlich, ihn von allen Seiten her zu kennen. Ansonsten besteht die Gefahr solche Hebel zu identifizieren, die zwar für den eigenen Mikrokosmos zutreffen, für die gesamte Organisation aber unter Umständen nicht repräsentativ sind und sich damit kontraproduktiv auswirken können.
  Geschäftsbereiche wie beispielsweise Forschung und Entwicklung, Marketing oder Produktion sollten demnach nicht getrennt betrachtet werden. Das Unternehmen muss, statt Gartenzaunpolitik zu betreiben, immer das Ganze im Auge behalten. Profitcenter-Strukturen sind bei diesem Ansatz nicht selten Hemmschuhe. Denn jeder ist in seinem Profitcenter versucht, einen möglichst hohen Gewinn zu erzielen, ohne Rücksicht auf Verluste, sprich andere Abteilungen oder Teams oder andere Profitcenter.

Das Systemdenken zielt also darauf ab, in allen Disziplinen ganzheitlich zu denken und nicht in Momentaufnahmen langfristig zu operieren. So sollen nach dem »Warmlaufen« in den anderen vier Disziplinen mit Mut und Neugier vielschichtige Probleme angegangen und mit einer neuartigen Sichtweise betrachtet werden. Ausreden wie »das ist mir zu komplex« und die sich daraus ergebende »Ära gegenseitiger Abhängigkeit« sollten durch das Erlernen neuer Denkweisen und Strukturen der Vergangenheit angehören.

Um die mental gefassten »guten und mutigen Vorsätze« in ein operationales und klar strukturiertes »systematisches« Ablaufmodell einzubetten wenden wir uns nun der Balanced Scorecard zu.

Von der Vision zur Aktion – die Balanced Scorecard

Operationalisierbarkeit der fünf Disziplinen

Auch wenn die Idee, Change Management auszuprobieren, Anklang oder sogar praktische Anwendung findet, sind Unternehmer und Manager mit Teamlernen und abstraktem Systemdenken noch lange nicht glücklich. Gegen Senges Konzept wurde zu Recht eingewandt, dass auch ein psychologisch plausibler Plan für ökonomische Zwecke letztlich in Messbarkeit einmünden müsse.

Aus diesem Grund lässt sich hier elegant ein Konzept einklinken, welches – kongenial und zunächst unabhängig von Senge – beansprucht, durch ein transparentes mehrperspektivisches System von der »Vision zur Aktion« zu gelangen.

Dieses Konzept mit dem Namen »Balanced Scorecard« (BSC) stammt paradoxerweise aus dem amerikanischen Baseballsport, wo der jeweilige Spielstand während eines Matches (die »Scores«) auf einer großen Tafel (»Card«) für die Zuschauer und Spieler jederzeit sichtbar ist (vgl. Kaplan/Norton 2001). Die Balanced Scorecard stellt ein Konzept dar, das nach seriösen empirischen Berichten zufolge bei richtiger Anwendung bereits nach 24 Monaten praktische Erfolge zeigen kann.

Das Attribut »Balanced« steht letztlich für den Anspruch, ein Berichtssystem bereitzustellen, in dem die unternehmensexternen Interessen der relevanten Stakeholder (deutsch: Interessengruppen) wie auch die internen Anforderungen ausgewogen berücksichtigt werden (vgl. Klingebiel 1998, S. 8f.).

Die Balanced Scorecard bildet ein leistungsorientiertes und leistungssteuerndes Informationssystem, das eine Ausgewogenheit innerhalb der zu generierenden Performance-Information verschiedener Subsysteme anstrebt (vgl. Karlowitsch 1997, S. 1131).

Es soll also, anders als beim reinen Shareholder-Value-Ansatz, auf Nachhaltigkeit und auch auf nichtfinanzielle Größen gebaut werden, um so ein langfristiges stetiges Wachstum zu sichern.

Der Begriff Scorecard repräsentiert in diesem Sinne die transparente Darstellung der betrieblichen Leistungsentwicklung, die anhand von meist vier Perspektiven abgebildet wird.

Ein Kennzahlensystem sollte dabei die Beziehungen zwischen Zielen (und Kennzahlen) aus den verschiedenen Perspektiven deutlich machen, damit sie gesteuert und bewertet werden können. Die Kette von Ursache und Wirkung sollte sich durch alle vier Perspektiven auf der Balanced Scorecard ziehen.

Die (vier) Perspektiven einer Balanced Scorecard

Die traditionelle Balanced Scorecard von Kaplan und Norton unterscheidet hier

- die Finanzperspektive,
- die Prozessperspektive,
- die Kundenperspektive sowie
- die Mitarbeiterperspektive.

Sie alle ermöglichen eine ausgeglichene Sichtweise der Frage, wie der Erfolg nicht nur mit herkömmlichen finanziellen Kennzahlen gemessen und beurteilt werden kann. Anders als in den bekannten konventionellen Kennzahlensystemen, können auch nichtmonetäre und qualitative Aspekte berücksichtigt werden. Diese nichtfinanziellen Größen (namentlich: Kennzahlen zur Kundenzufriedenheit, Mitarbeiterqualität und Effizienz der Geschäftsprozesse) stehen dabei gleichberechtigt neben den ökonomischen, den Anteilseigner interessierenden Kennzahlen, da sie selbst zu einer Verbesserung des wirtschaftlichen Erfolges beitragen!

Die Kernfragen der jeweiligen Perspektive sind (vgl. Kaplan 1997):

- **Finanzielle Perspektive:** »Wie sollen wir gegenüber unseren Teilhabern auftreten, um finanziellen Erfolg zu haben?«
- **Kundenperspektive:** »Wie sollen wir gegenüber unseren Kunden auftreten, um unsere Vision zu verwirklichen?«
- **Interne Geschäftsprozesseperspektive:** »In welchen Geschäftsprozessen müssen wir die Besten sein, um unsere Teilhaber und Kunden zu befriedigen?«
- **Mitarbeiterperspektive:** »Wie können wir unsere Veränderungs- und Wachstumspotenziale fördern, um unsere Vision zu verwirklichen?«

Die Balanced Scorecard wird somit konsequent zu der letzten praktischen Instanz in unserem Change-Management-Prozess. Wir nutzen die Balanced Scorecard im Rahmen eines kontinuierlichen Change Management als ein Instrument zur konkreten Formulierung und vor allem zum kurz- und mittelfristigen Umsetzen von strategischen Vorgaben aufgrund der zuvor definierten gemeinsamen Visionen. Diese waren in die »Top-Kriterien« mit ihren jeweiligen Unterpunkten eingemündet, und sind nun für uns nutzbar.

Die Balanced Scorecard als Instrument zur Formulierung und zum Umsetzen von strategischen Vorgaben, besteht aus zwei Kernstücken:

- auf der einen Seite aus dem Frontend, den Scorecards (s. Abbildung »Die Balanced Scorecard«),
- auf der anderen Seite lassen sich Ursache- und Wirkungsketten ableiten (s. Abbildung »Ursache – Wirkungsketten in einer Balanced Scorecard«).

Die Balanced Scorecard wird damit zu einem modernen Managementsystem, welches in seiner herkömmlichen Form die vier angesprochenen systemischen Perspektiven wie folgt berücksichtigt.

Die Balanced Scorecard

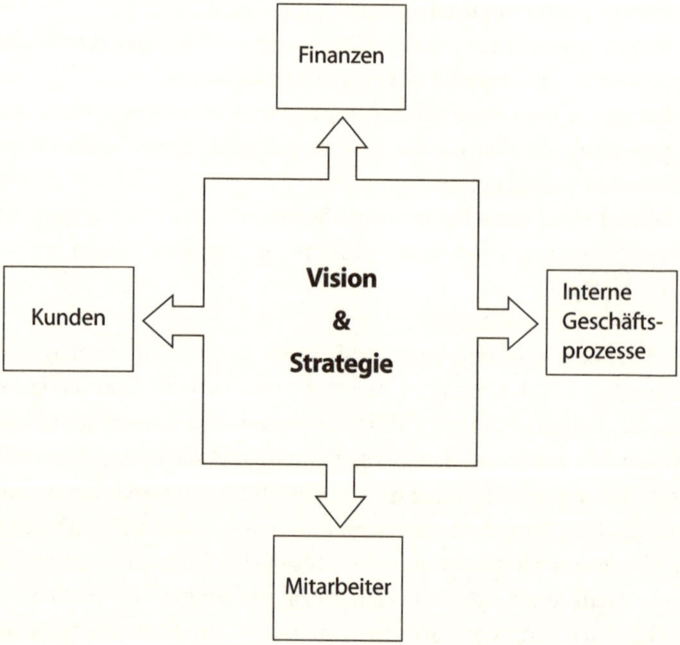

Finanzen

Ziel	Kennzahlen	Vorgaben	Maßnahmen

Eine Erweiterung dieses Ansatzes auf die entsprechenden Subsysteme diverser anderer Branchen, wie sie durch den Change-Management-Workshop initialisiert wurden, ist problemlos möglich. Durch das Austauschen oder die Hinzunahme von Clustern wie etwa der Lieferantenperspektive, der Kreditgeberperspektive, der öffentlichen Perspektive oder der Kommunikationsperspektive können für jede Lernende Organisation deren wichtigste Blickwinkel veranschaulicht werden. Allerdings sollte die Darstellung immer dem Anspruch »Balanced« genügen, also mindestens drei und der Übersichtlichkeit halber maximal sechs Perspektiven abbilden.

Ursache-Wirkungsanalyse durch die Balanced-Scorecard-Sichtweise

Wird eine Balanced Scorecard aufgestellt, so ist es von großer Bedeutung, die schon wiederholt angesprochenen Ursachen- und Wirkungszusammenhänge herauszufinden beziehungsweise gemeinsam im Team zu reflektieren. Genau wie beim Systemdenken ist jeder Einfluss einer Balanced Scorecard sowohl Ursache als auch Wirkung. Nichts wird nur in eine Richtung beeinflusst.

Solch ein Ursache-Wirkungszusammenhang kann kompensatorischer oder verstärkender Art sein. Symptomatisch für einen kompensatorischen Rückkoppelungseffekt sind Sprichwörter wie: »Je mehr man sich anstrengt, desto schlimmer wird es.« Ursache und Wirkung liegen räumlich und zeitlich voneinander getrennt, beschleunigtes Schrumpfen ist die logische Konsequenz.

Ziel ist, sich der Existenz dieser Probleme bewusst zu sein, diese bei den Ursache-Wirkungsketten zu erkennen und zu isolieren. Das Gegenteil, so genannte verstärkende Rückkoppelungseffekte sind in die Ketten einzubeziehen. Wachstum durch Synergien:

»Input = 1 => Output = 3 Je mehr desto noch mehr«

lautet hier die Devise. Eine kleine Veränderung baut auf sich selbst auf. Jede auftretende Bewegung wird verstärkt und erzeugt eine noch stärkere Bewegung in dieselbe Richtung.

In der folgenden Abbildung »Ursache-Wirkungsketten in einer Balanced Scorecard« wird klar, dass die einzelnen Cluster der jeweiligen »Score Cards« nach Budgetklärung, mit der Mitarbeiterperspektive beginnend, aufeinander aufbauen und erst Schritt für Schritt zu den traditionellen Renditekennzahlen führen: Denn die Wurzel eines jeden Betriebes sind seine Mitarbeiter!

Im Change-Management-Workshop wird dieser Aspekt durch den aktiven Einbezug der Mitarbeiter besonders berücksichtigt.

Ursache-Wirkungsketten in einer Balanced Scorecard mit Verknüpfung der einzelnen Perspektiven miteinander

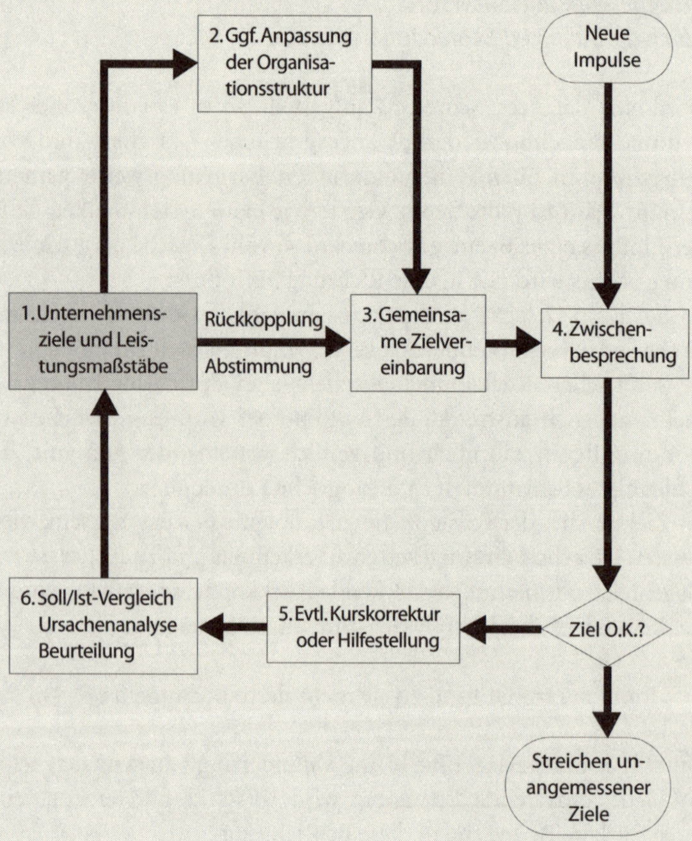

Jedoch reicht die Definition der einzelnen »Karten« einer Balanced Scorecard noch nicht aus, um diese in der Praxis anzuwenden. Mithilfe von Zielen, Kennzahlen, Zielwerten und zu ergreifenden Maßnahmen mit den jeweiligen Verantwortungsnehmern kann der Kick-off im Change Management erst in die Zielgerade gehen. Das Konzept der Zielvereinbarung (»Management by Objectives«) leistet hierbei einen wertvollen Beitrag.

Die Zielvereinbarung

Zielvereinbarungen im Change-Management-Workshop aus den Unternehmenszielen werden wie folgt abgeleitet:

Der Zielvereinbarungskreislauf nach Odiorne (s. Wagner 1998, S. 82)

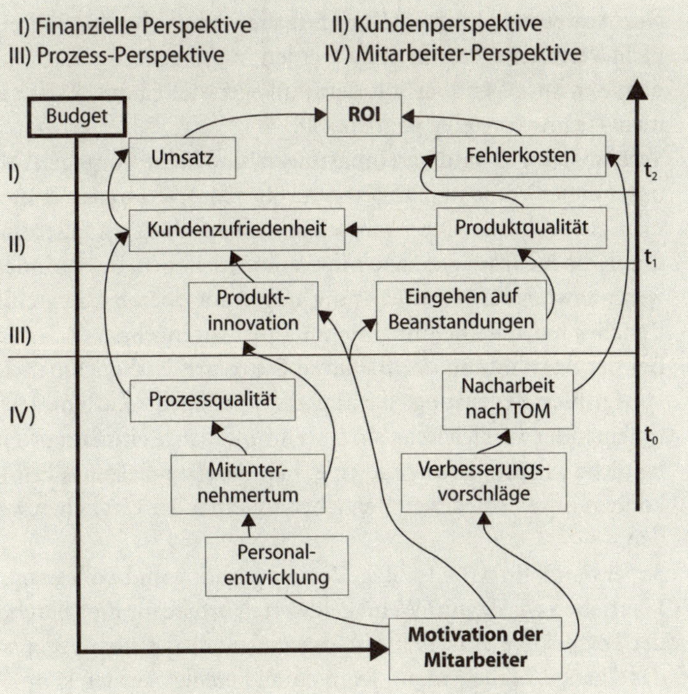

In etlichen großen Unternehmen haben Zielvereinbarungen nach Workshops Inflation. Es werden »Hausaufgaben« und Meilensteine verabschiedet, da aber keine Reviews geplant sind, versanden die Bemühungen. Entscheidend ist neben einem kollektiven Self-Commitment das Controlling. Ansonsten drohen selbst einfachste Zielvereinbarungen implizit oder explizit unter Verweis auf die bereits dargelegten Widerstände im Arbeitsalltag unterzugehen.

Bei der Zielvereinbarung sind folgende praktische Aspekte zu beachten:

- **Langsamer Beginn durch Kaizen:** Der Kick-off-Workshop für das Change Management ist als notwendige Initialzündung zu sehen, durch den Entwicklungen in Gang kommen können, die sonst verspätet oder überhaupt nicht angegangen werden würden. Doch ist davor zu warnen, dass nach Absolvierung des Workshops zu schnelle euphorische Erwartungen gehegt werden.
- **Nur Anwesende können Hausaufgaben übernehmen.** Soll eine nicht vertretene Person aktiv werden, muss genau geklärt werden, wer ihr gegenüber mit dem Anliegen des Change-Management-Teams vorstellig werden soll.
- **Vereinbarungen sind Vereinbarungen, und keine Vorgaben!** Nur unter dieser Voraussetzung ist mit voller Motivation der Teilnehmer zu rechnen. Die Wahrscheinlichkeit dazu ist allerdings durch die im Team erzeugte Motivation sehr hoch, insbesondere, wenn anwesende Verantwortungsträger aus oberen Hierarchien signalisieren, dass sie mit gutem Beispiel vorangehen.
- **Bei der Anwendung der Balanced Scorecard ist Benchmarking von großer Bedeutung,** da nun die jeweiligen »Karten« leicht miteinander vergleichbar sind, wenn man sich einmal auf einheitliche Leistungstreiber geeinigt hat. Gesetzte Ziele und Erfolge können in verschiedenen Bereichen miteinander verglichen werden.
- **Supervision** im Arbeitsalltag, Review-Meeting und Follow-up.
- **Was haben wir davon?** Wenn geldwerte Vorteile für die Shareholder-Perspektive entstehen, ist gegebenenfalls zu überlegen, wie das Change-Management-Team daran beteiligt werden kann.

Die Anwendung der Balanced Scorecard

Die Top-Ziele, die auf S. 116 in die entsprechenden vier Cluster eingetragenen wurden, können nun zusammen mit ihren Unterzielen in eine Balanced Scorecard übertragen, nochmals diskutiert und gegebenenfalls angepasst werden.

Die exemplarische Anwendung der Balanced Scorecard in einem Change-Management-Workshop

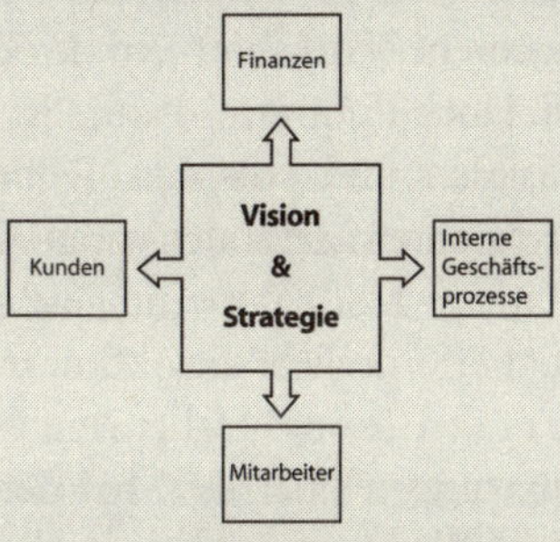

Kunden

Kriterium	Kennzahlen	Soll	Ist	Maßnahmen
Kundenzufriedenheit				
Reklamationen				
Marktanteil				
Kundenbeziehung				

Interne Geschäftsprozesse

Kriterium	Kennzahlen	Soll	Ist	Maßnahmen
Innovation				
Ausschuss				
Kundendienst				
Kommunikation				

Mitarbeiter

Kriterium	Kennzahlen	Soll	Ist	Maßnahmen
Fluktuation				
Krankenstand				
Überstunden				
Qualifikation				

Die Teilnehmer werden anschließend gebeten, in zwei Einzelteams, nach Möglichkeit in optimaler Gruppengröße von fünf bis sieben Teilnehmern, geeignete Kennzahlen, Soll- und Ist-Werte sowie Maßnahmen für die vier Teilbereiche ihrer Lernenden Organisation festzulegen.

Anwendung der Zielvereinbarung

Die Balanced Scorecard selbst ist der vorletzte Schritt, bevor sich aus dem Change-Management-Workshop ein produktiver dauernder Wandel ableiten lässt. Doch Pinnwand-Papier ist geduldig: Allein die Definition von plausiblen und von den Teilnehmern getragenen Kennzahlen mit transparenten Methoden garantiert noch lange nicht, dass auch nur eine einzige Maßnahme umgesetzt wird. Aus diesem Grund ist es unbedingt erforderlich, die Aktion selbst einzuleiten.

Dazu werden die in den Teams erarbeiteten Balanced-Scorecard-Tafeln in Zielvereinbarungen übersetzt, bei denen klar ersichtlich wird, wer wann was und wie tun muss, um die den Visionen entspringenden Kennzahlen zum Leben zu verhelfen.

Nach dem abschließenden Abgleich der Werte der Balanced Scorecards aus den eingangs gebildeten Teams kann Change Management mithilfe der Balanced Scorecard folgendermaßen aussehen (s. gegenüberliegende Seite).

Das Systemdenken ist beim Balanced Scorecard-Ansatz ebenso entscheidend wie bei einer Lernenden Organisation, da auch hier keiner der Bereiche alleine stehen darf. Es handelt sich dabei um die Integrität der vier Disziplinen: Finanzen, interne Prozesse, Kunden und Mitarbeiter.

Nur die Kombination aller vier gleichbedeutenden Ebenen macht eine ganzheitliche Unternehmensführung effektiv und effizient, da Interdependenzen bestehen und somit erkannt werden können. Gemeinsame Unternehmensvisionen sowie Strategien für Teilbereiche können so herausgebildet und umgesetzt werden.

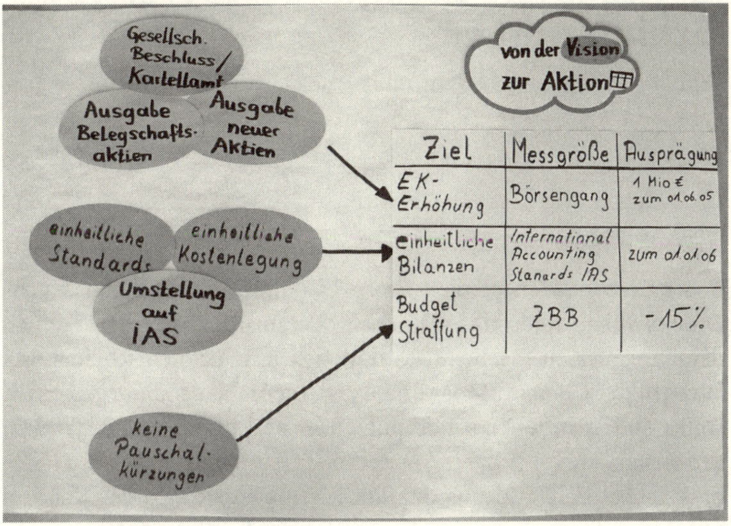

Beispiel für ein Balanced Scorecard-System aus einem Change-Management-Workshop mit nachfolgenden Zielvereinbarungen

Schlusswort

Unser Change-Management-Prozess ist am Ende angelangt. Nüchterne Zahlen und klar definierte Verantwortlichkeiten können schnell vergessen machen, was das wichtigste und entscheidendste Element des Change Managements ist: Menschen zu bewegen, nicht länger zu lamentieren, sondern ihr Schicksal in die eigene Hand zu nehmen.

Wir Autoren sind uns der Tatsache bewusst, dass der Kick-off nur der erste notwendige Schritt in einem längerfristig angelegten Prozess darstellt. Wir hoffen dennoch, dass das konstruktive Change Management in Ihrem Alltag ein fester Bestandteil wird. Die Erfahrung zeigt, dass Change Management möglich ist, wenn sich permanent Mitarbeiter als »Prozessverantwortliche« des Themas annehmen.

Zusätzlich zu den ersten beiden Schritten, die wir in unserem Buch näher beleuchtet haben, sind insgesamt folgende fünf Schritte zur Implementierung von Veränderungsprozessen absolut erforderlich:

- **Zielsetzungstreffen:** Das Top-Management trifft sich mit dem Change-Management-Berater und definiert, welche Probleme und welche Ziele das Change Management verfolgen soll (produktive Aktivierung des Leidensdrucks oder Weckung des schlafenden Bedarfs!).
- **Kick-off-Workshop im Change Management:** Alle künftigen, hierarchieübergreifend designierten Change Agents nehmen an diesem Workshop mit dem thematischen Durchleben der fünf Disziplinen teil, da diesem zunächst die wichtigste Antreiberfunktion für den **Change-Management-Prozess** zukommt. Sie setzen nach einer maßgeschneiderten Problemanalyse des Ist-

Zustandes durch Reflexion der Barrieren gemeinsam Ziele für die Zusammenarbeit (idealerweise mit einem sachkundigen neutralen Moderator).

- **Steuerung:** Infrage kommen insbesondere regelmäßige Sitzungen des permanent arbeitenden Change-Management-Teams als Qualitätszirkel sowie Coaching der Führungskräfte. Zu vereinbarende Feedback-Schleifen auf die Erreichbarkeit der Ziele ermöglichen den Erfahrungsaustausch »top-down« und »bottom-up«.
- **Follow-up-Workshops:** In idealerweise zwei- bis dreimonatigen Abständen müssen nach dem Muster der Kick-off-Veranstaltungen weitere Workshops stattfinden, bei denen Zwischenbilanz zu den erreichten Zielen gezogen wird und notwendige Anpassungen vorgenommen werden.
- **Controlling und Bestandsaufnahme:** Nach neun bis zwölf Monaten werden die auf dem Kick-off-Workshop festgelegten Ziele des Change Managements mit gelösten und ungelöst gebliebenen Problemen analysiert, Erfolgsbilanzen erstellt und zudem weitere Maßnahmen vereinbart.

Literaturverzeichnis

Bernecker, T./Reiß, M.: Kommunikation im Change Management. Traditionelle und neue Kommunikationsinstrumente. In: Personal 03/2003. (S.14–20)

Breisig, T.: It's Team Time. Kleingruppenkonzepte in Unternehmen. Reihe der Hans-Böckler-Stiftung, HBS Praxis; Band 1. Köln 1990.

Doppler, K./Lauterburg Ch.: Change Management: den Unternehmenswandel gestalten. Campus, Frankfurt a.M./New York 1996.

Flood, Rethinking the 5th Discipline. Routledge, New York 1999.

Gattemeyer, W./Ayad, A.: Change Management und Unternehmenserfolg. Gabler, Wiesbaden 2000.

Hammer, M./Champy, J.: Business Reengineering. Die Radikalkur für das Unternehmen. Campus, Frankfurt a.M./New York 1995.

Hartkemeyer, Johannes F.: Der Schlüssel zum Erfolg im 21. Jahrhundert. In: Süddeutsche Zeitung vom 4.11.1995.

Höfner, E.: Provokativer Stil: Die Kunst, Veränderungen anzustoßen. In: Personalführung 8/2002. (S. 38–41)

Johnson, S.: Die Mäusestrategie für Manager. Veränderungen erfolgreich begegnen. Ariston, München 2000.

Kaplan, R.S./Norton, D.P.: The Strategy-Focused Organization: How Balanced Scorecard Companies Thrive in the New Business Environment. Harvard Business School Press, Boston 2001.

Karlowitsch, M.: Balanced Scorecard. In: WISU – Das Wirtschaftsstudium 26. Lange, Düsseldorf 1997.

Kirchhoff, B./Gutzan, P.: Die Lernstatt. Effektiver lernen vor Ort. Expert, Grafenau 1982.

Klebert, K./Schrader, E./Schraub, W.G.: Kurz-Moderation. Windmühle GmbH, Hamburg 1995.

Klingebiel, N.: Performance Measurement – Grundlagen, Ansätze, Fallstudien. Gabler, Wiesbaden 1998.

Konrad, S./Hendl, C.: Stark durch Gefühle. Lebenserfolg durch emotionale Intelligenz. Augustus, Augsburg 1997.

Likert, R.: New Patterns of Management. McGraw-Hill, New York 1961.

Likert, R.: Neue Ansätze der Unternehmensführung. Haupt, Bern 1972.

Littig, P.: Die Klugen fressen die Dummen. W. Bertelsmann Verlag, Stuttgart 1996.

Lombriser, R./Abplanalp, P.A.: Strategisches Management, Visionen entwickeln, Strategien umsetzen, Erfolgspotenziale aufbauen. Versus, Zürich 1997.

Münchhausen, M.: So zähmen Sie Ihren inneren Schweinehund. Campus, Frankfurt a. M./New York 2002.

Osterloh, M./Frost J.: Prozessmanagement als Kernkompetenz: Wie Sie Business Reengineering strategisch nutzen können. Gabler, Wiesbaden 1996.

Pfeiffer, W./Weiß, E.: Lean Management. Grundlagen der Führung und Organisation industrieller Unternehmen. Erich Schmidt, Berlin 1992.

Rosenstiel, von L.: Motivation im Betrieb. Mit Fallstudien aus der Praxis. Rosenberger Fachverlag, Leonberg 2001.

Senge, P.M.: Die fünfte Disziplin. Klett-Cotta, Stuttgart 1996a.

Senge, P.M. et al.: Das Fieldbook zur fünften Disziplin. Klett-Cotta, Stuttgart 1996b.

Useem, M.: »When your Boss needs help: Leading up and voicing concerns. Managers should take up the reins of leadership, and that includes calculating risks, voicing concerns and guiding uncertain superiors«. In: Personalführung 4/2002.

Wagner, K./Rex, B.: Praktische Personalführung: Eine moderne Einführung mit Fallstudien. Gabler, Wiesbaden 2001 [1998].

Yong, L.M.S.: Leonard Personality Inventory. LPI Sdn Bhd, Kuala Lumpur 1999.

Internettipps

http://www.fh-deggendorf.de/doku/fh/meile/bachelor/lehre/orga/f1/mintzberg.pdf

http://www.leonard.com.my

Bildnachweis

S. 8, 9, 13, 16, 18, 21, 25, 37, 41, 45, 46, 49, 56, 58, 61, 75, 80, 90, 105:
Ulrike Rath, Aachen
Fotos: S. 44, 54, 67, 72, 86, 87, 88, 98, 102, 103, 123:
Birgit Edtinger, Fabian Mayr, Karl Wagner
S. 59, 79, 106: aus Peter M. Senge. Die fünfte Disziplin. Kunst und Praxis der Lernenden Organisation. Aus dem Amerikanischen von Maren Klostermann. © 1980 by Peter M. Senge. Klett-Cotta, Stuttgart 1996
S. 63: aus Peter M. Senge, Art Kleiner, Bryan Smith, Charlotte Roberts, Richard Ross. Das Fieldbook zur fünften Disziplin. Aus dem Amerikanischen von Maren Klostermann. © 1994 by Peter M. Senge, Art Kleiner, Charlotte Roberts, Richard B. Ross, Brian J. Smith. Klett-Cotta, Stuttgart 1996

Mid-career Development

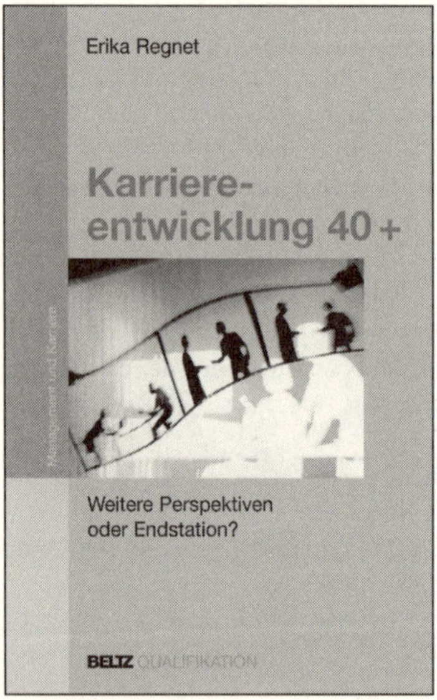

Erika Regnet
Karriereentwicklung 40 +
Weitere Perspektiven oder Endstation?
Beltz Qualifikation 2004.
157 Seiten. Pappband.
ISBN 3-407-36032-0

In der Mitte des Lebens, mitten auf der Karriereleiter: Weitersteigen, verharren, Alternativen finden oder langsam den Abstieg antreten? Viele Menschen in den besten Jahren fragen sich, wie sie ihr weiteres Berufsleben aktiv gestalten können. Erika Regnet beschreibt Chancen und Möglichkeiten für Arbeitnehmer jenseits der 40. Für Unternehmen stellt sich die Frage, wie sie Leistung und Motivation der Mitarbeiter auch im Karriereplateau aufrechterhalten können. Denn die bisher häufig praktizierte Frühverrentung wird sich nicht auf Dauer realisieren lassen. Personalentwicklung darf deshalb nicht länger Anfang oder Mitte 40 aufhören. Sinnvolles Mid-career Development ist gefragt. Die Autorin beleuchtet folgende Aspekte der Personalentwicklung für Mitarbeiter über 40: Leistung durch lebenslanges Lernen; Problemfelder beim Einsatz älterer Mitarbeiter; Geeignete Personalentwicklungsstrategien; Work-Life-Balance durch Änderung der Arbeitsgestaltung; Altersübergreifende Zusammenarbeit; Motivationsstrategien.

BELTZ Beltz Verlag · Postfach 100154 · 69441 Weinheim

Weitere Infos und Ladenpreis: www.beltz.de